EXPLOITATION TÉLÉPHONIQUE

DE LA

FINLANDE

(Grand-Duché de Russie)

PARIS

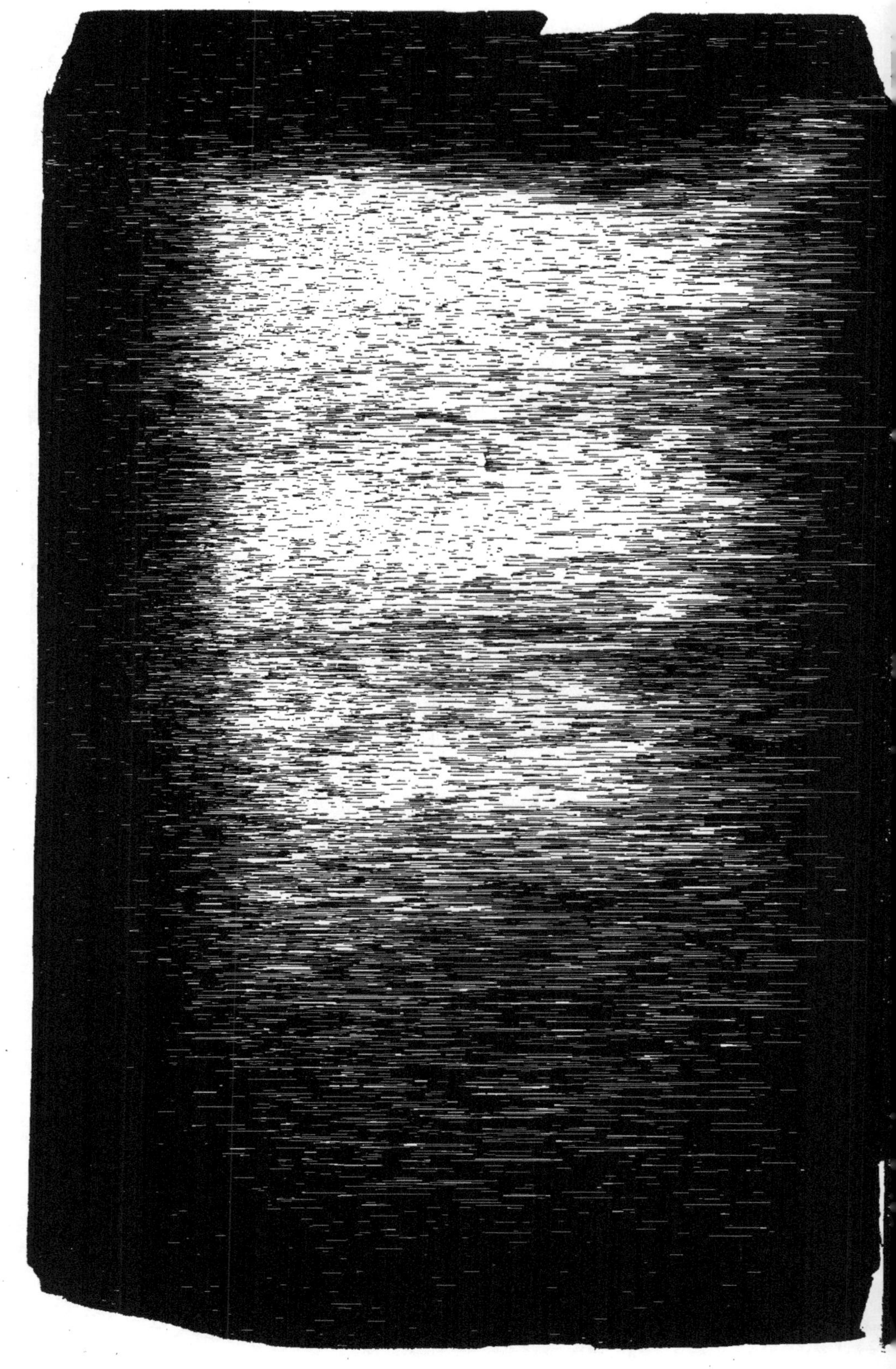

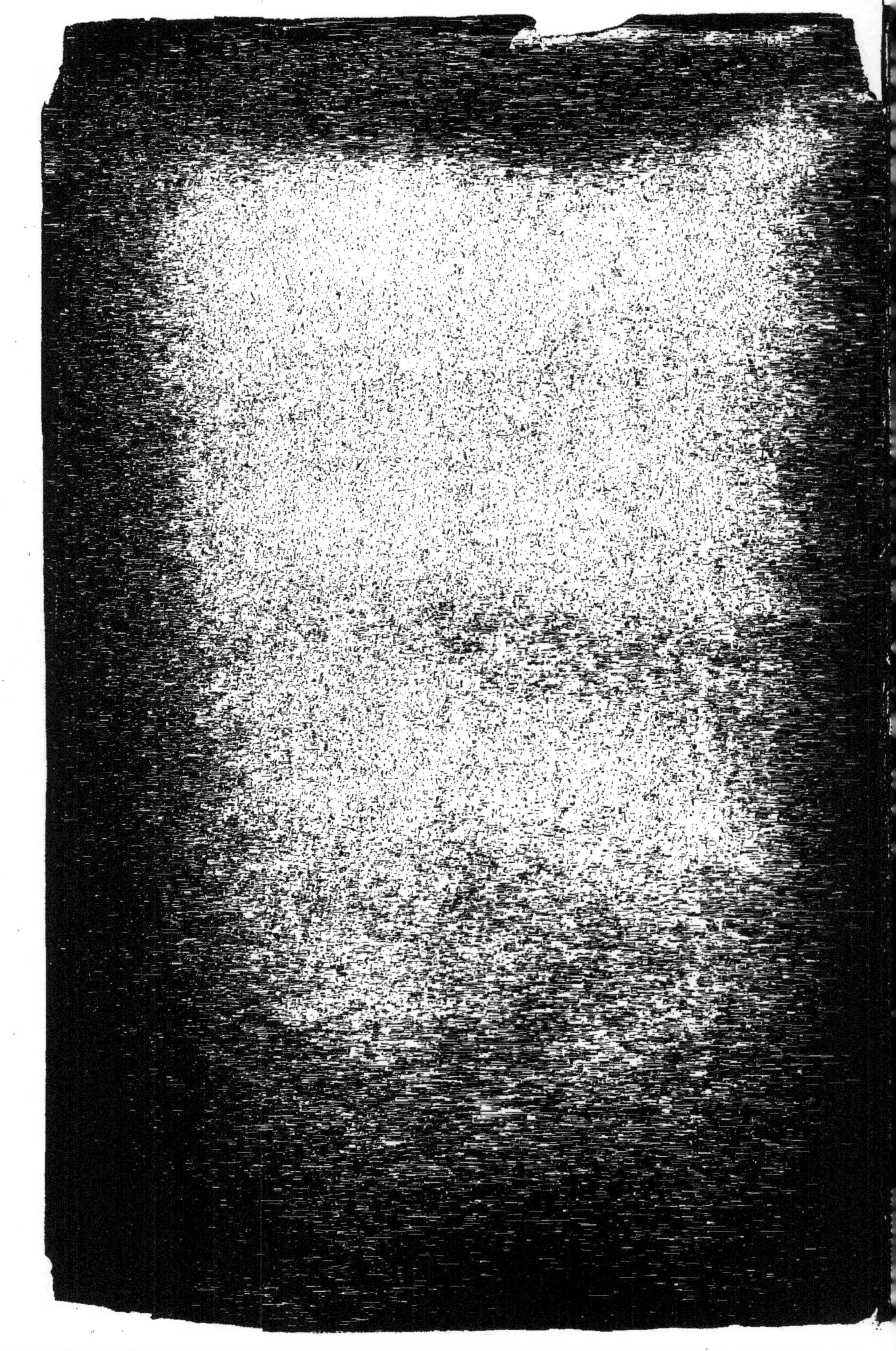

CONDITION JURIDIQUE

DE LA FINLANDE

CONDITION JURIDIQUE

DE LA

FINLANDE

(Traduction du Russe)

PARIS

SOCIÉTÉ D'ÉDITIONS SCIENTIFIQUES

PLACE DE L'ÉCOLE DE MÉDECINE

4, Rue Antoine Dubois, 4

1902

CONDITION JURIDIQUE
DE LA FINLANDE

I

OPINIONS ÉNONCÉES PAR LA DIÈTE ET LE SÉNAT
DE FINLANDE

Les membres de la Diète extraordinaire de 1899, examinant le nouveau statut militaire en Finlande, et exposant leurs différentes observations sur l'impossibilité de l'accepter, trouvèrent nécessaire de présenter, en même temps, les preuves de l'existence d'une « constitution » finlandaise séparée. Dans les délégués des États, les Finnois veulent voir un « second pouvoir d'État », ce qui explique la signification extraordinaire que la presse du pays s'empressa à donner à la déclaration de la Diète sur la question constitutionnelle. En outre, les Finlandais ont reconnu que l'argumentation, formulée par la Diète, était exposée avec une extrême clarté et qu'après cela les droits d' « État » de la Finlande et sa « constitution » paraissaient, d'après l'expression d'un auteur local, être « taillés dans le marbre ».

La Diète déclara littéralement ce qui suit :

« Les membres de la Diète considèrent de leur devoir de prouver sommairement que l'Édit sur la Forme du gouverne-

1

ment de 1772 et l'Acte d'Union et de Sécurité de 1789 ont encore force de loi fondamentale en Finlande. »

Comme on le voit dans les propres déclarations des monarques, dans les actes législatifs et les ouvrages littéraires, on n'a jamais douté en Finlande, depuis la Diète de Borgo, que l'Edit sur la Forme de gouvernement et l'Acte d'Union et de Sécurité, ne fissent partie des lois fondamentales du pays. De même en Russie, autant qu'il est connu, il n'y avait point de doutes auparavant, sur cette question ; au contraire, les hommes d'État ainsi que les savants juristes, reconnaissaient que l'ancienne constitution suédoise avait été confirmée en 1809 pour la Finlande. Ce n'est que dans les années quatre-vingts que quelques écrivains russes prétendirent que ces lois n'étaient pas comprises dans la déclaration de l'empereur Alexandre Ier, donnée aux délégués des Etats de Finlande dans la la cathédrale de Borgo. Cette déclaration fut cependant rejetée par de si nombreuses preuves et exemples qu'il est impossible de les énumérer, même incomplètement ; aussi, les délégués des Etats se bornent-ils à en citer seulement les « plus importants ».

Les mots russes « Korénnye Zakony » (lois fondamentales organiques), qui étaient employés dans la déclaration de l'empereur Alexandre Ier aux délégués des Etats au sujet de la confirmation des lois fondamentales de la Finlande correspondent, ainsi qu'on peut le voir dans les actes officiels et les dictionnaires, aux mots: lois fondamentales, lois fondamentales d'Etat, Grundgesetze, Reichsgrungesetze, the fundamental law, des langues cultivées de l'Europe occidentale, au lieu desquels on emploie maintenant en russe l'expression « Osnovnye zakony » (lois fondamentales) que l'on ne trouve pas dans les dictionnaires de la fin du xviiie siècle et du commencement du xixe siècle.

L'empereur Alexandre Ier désigna les lois qu'il reconnut, par des mots français d'une signification parfaitement précise et non équivoque. L'empereur employa les mots : votre constitution, vos lois fondamentales, la constitution du pays, les droits de son existence politique, droits que sa constitution lui garantit, la constitution de la Finlande, etc.

Ensuite, l'empereur Alexandre, dans les actes signés par lui et composés en langue russe, désigna les lois en question par le mot russe « Konstitoutzia » (au singulier). C'est ainsi que l'empereur déclara entre autres, que l'assurance donnée à la Diète de Borgo comprenait la promesse de sauvegarder pieusement la « constitution » séparée du pays sous le sceptre du Monarque et de ses héritiers.

Au nombre des documents qui confirment l'état de choses cité plus haut, les délégués des Etats se bornent à citer ceux qui suivent, lesquels, quand même d'autres manqueraient, prouveraient à eux seuls, d'une manière suffisante, que l'empereur Alexandre 1er a bien confirmé, pour la Finlande, la Constitution qui existait dans ce pays sous la domination suédoise.

Ces documents sont :

I. — Le Rescrit Souverain, mais secret, du 14-26 septembre 1810 au Gouverneur général de Finlande. Cette pièce a été publiée en Russie, sur une minute émanant des Archives personnelles de Sa Majesté, et il y est dit :

« Mon intention, lors de l'organisation de la Finlande, était de donner à ce peuple l'existence politique, pour qu'il ne soit pas considéré qu'il se rattache à elle par ses propres intérêts; c'est pourquoi :

a) Il gardera non seulement ses lois civiles, mais aussi ses lois politiques ;

b) Le gouvernement même du pays est confié, sous notre contrôle, au Sénat finlandais, etc.

II. — Le rapport, publié en Russie le 11 février 1811, présenté à l'Empereur par Spéransky, qui possédait sa confiance dans l'organisation des affaires de la Finlande dont il était chargé.

On y trouve, entre autre, ce qui suit :

AFFAIRES DE FINLANDE

Les affaires essentielles de Finlande ont été classées dès l'origine de la manière suivante :

1° LA DIÈTE, fondement principal de l'organisation de ce pays.

2° L'institution du Conseil ;

3° Le système monétaire ;

4° L'organisation de la milice ;

5° Le règlement du compte des Recettes pour les années passées ;

6° Le Budget des Recettes pour les années 1810 et 1811 ;

7° Le règlement d'ordre adressé au gouverneur-général et au procureur.

A ces importantes matières se joint journellement une grande quantité d'affaires courantes.

Ici il y a la remarque suivante : « C'est la conséquence de la constitution de ce pays ». Le pouvoir souverain, étant limité en Finlande par la loi, devrait tâcher de se fortifier par les détails du gouvernement.

On lit plus loin dans le texte :

« La Finlande est un Etat et non une province. On ne peut la gouverner en passant et parmi un grand nombre d'affaires courantes ».

Le décret impérial du 31 décembre 1811, au sujet de la réorganisation du gouvernement de Wibourg.

Ce Décret, inséré d'ailleurs dans le Recueil des Lois de l'Empire de Russie, contient la définition suivante, écrite de la main de l'Empereur Alexandre Ier, dans la minute originale rédigée en français :

« L'ordre de la représentation nationale à la Diète des Etats du Grand-Duché de Finlande, est établi dans le gouvernement de Wibourg, conformément aux principes généraux de la Constitution du pays. » (*Texte français*)

Dans le Décret signé par l'Empereur, et rédigé en langue russe, les délégués des États de Finlande sont nommés : « Délégués d'État ».

Il faut encore remarquer que dans l'original primitif en français, corrigé par la propre main de l'Empereur, il était dit auparavant : « Ayant, en vertu de Notre Manifeste du 11 décembre 1811, réuni le Gouvernement de Wibourg au Grand Duché de Finlande, incorporé à notre Empire, etc. », (*texte français*), mais que les mots « incorporés à notre Empire » ont été rayés par l'Empereur.

Ces locutions, ainsi que d'autres analogues, témoignent clairement que l'ancienne constitution suédoise a été confirmée en Finlande par l'Empereur Alexandre Ier, lors de l'annexion de ce pays à la Russie, et que, par conséquent le régime politique de l'Empire n'a pas été étendu au territoire finlandais.

On sait que dans plusieurs actes signés de la propre main des Empereurs on retrouve des renvois à la Forme de Gouvernement de 1772, ainsi qu'à l'Acte d'union et de sécurité de 1789, en temps que lois fondamentales de la Finlande.

Parmi ces actes, les délégués des états citent tout particulièrement l'Acte de confirmation des Statuts de la Diète daté du 3/15 avril 1869, dont voici la teneur :

« Réservant Nos droits tels qu'ils ont été établis par la Forme de Gouvernement du 21 août 1772 et l'Acte d'Union et de Sécurité du 21 février et du 3 avril 1789, et n'ont pas été modifiés par les termes formels des présents Statuts de la Diète, Nous approuvons et confirmons souverainement ces Statuts comme loi fondamentale et inviolable. »

En outre la Forme de Gouvernement est mentionnée au nombre des lois en vigueur dans le § 71 des statuts de la Diète.

Quant aux actes plus récents, il suffit de citer le Manifeste Impérial du 13/25 juin 1886, par lequel : « en dérogation du point de l'acte d'Union et de Sécurité du 21 février et du

3 avril 1789, le droit de motion est accordé aux délégués des États. »

Le Sénat Finlandais « approuvant l'exposé des délégués trouva nécessaire d'ajouter ce qui suit :

« Par l'édit confirmatif transmis aux membres de la Diète Finlandaise à Borgo en 1809, l'Empereur Alexandre Ier, de bienheureuse mémoire, a confirmé les lois fondamentales du pays nouvellement conquis. » Il n'est pas douteux que l'Empereur, en donnant cette confirmation, n'ait eu en vue les lois politiques existantes en Finlande, c'est-à-dire les lois réglant la législation et les droits mutuels du Monarque et de ses sujets, ce qui découle d'abord de la teneur de l'Edit même, et se trouve confirmé, en outre, par d'autres actes édités sous le règne de l'Empereur Alexandre Ier. Dans le discours par lequel l'Empereur ouvrit la Diète à Borgo, 16/28 mai 1809, il fut déclaré ce qui suit aux délégués des États :

« J'ai promis de maintenir votre constitution, vos lois fondamentales ; votre réunion ici vous garantit ma promesse. » (*Texte français*).

Les propositions souveraines qui, après cela, ont été transmises aux délégués des États, ont été précédée d'une introduction, laquelle commençait par les mots suivants : (*Texte français*). « Sa Majesté Impériale, en réunissant les États de la Finlande en une Diète générale, a bien voulu donner par là une preuve solennelle de ses intentions généreuses de conserver et maintenir inviolablement la religion, les lois, la constitution du pays, les droits et privilèges de tous les États en général et de chaque citoyen en particulier. »

Le jour suivant, par Ordre Souverain, a eu lieu, dans la cathédrale de la ville, une cérémonie solennelle, pendant laquelle il a été lu, en présence de l'Empereur, aux délégués des États et transmis au « landmarschal » l'édit confirmatif, signé par l'Empereur les 15 et 27 mars, au sujet du maintien des lois fondamentales ; en même temps, dans l'ordre de cérémonie souverainement confirmé, il était dit que le

Gouverneur-Général aurait à annoncer « que Sa Majesté Impériale a daigné confirmer solennellement la constitution de la Finlande en la sanctionnant de sa signature. » (*Texte français*).

A cette même occasion, les membres de la Diète ont prêté serment devant l'Empereur sur des formules qui leur ont été présentées et ils ont juré personnellement et pour toute la Nation finlandaise d'être de fidèles sujets, et ont promis par serment de reconnaître dorénavant pour Souverain l'Empereur régnant Alexandre Ier, Autocrate de toutes les Russies et Grand-Duc de Finlande, et de sauvegarder immuablement les lois fondamentales et la Constitution du pays, telles qu'elles sont à présent en vigueur.

L'Empereur a clos personnellement la Diète, le 7/19 juillet 1809, en déclarant entre autres choses que le peuple finlandais serait « placé désormais au rang des nations sous l'empire de ses lois » et que l'Empereur lui-même recueillerait les meilleurs fruits de ses soins, quand Il verrait ce peuple « tranquille au dehors, libre à l'intérieur, rendre justice à Mes intentions et bénir ses destinées. » (*Texte français*)

C'est également après la Diète de 1809 que l'Empereur Alexandre Ier a, de façon précise, expliqué le sens de l'Edit confirmatif du 15/27 mars de cette même année. Dans le Manifeste du 15/27 mars 1810, l'Empereur a déclaré (*Texte français*): « Du moment que la Providence Nous a remis le sort de la Finlande, Nous avons résolu de gouverner ce pays comme une nation libre et jouissant des droits que sa constitution lui garantit » ajoutant que les mesures prises par l'Empereur par rapport à la Finlande, « *sont des preuves qui doivent assurer à la nation finnoise les droits de son existence politique.* » (*Texte français.*)

L'Empereur, dans le Manifeste des 9/21 février 1816, a donné une explication détaillée à ce sujet, en prononçant à cette occasion, entre autres, les paroles suivantes, très précises:

« Nous espérons que Nous avons assez confirmé pour toujours la promesse donnée par Nous du maintien sacré de la

Constitution particulière de ce pays sous Notre règne et celui de Nos Héritiers ».

Les lois politiques en vigueur au moment de la conquête de la Finlande étaient les lois fondamentales de la Suède, promulguées en 1772 (Forme de Gouvernement), et en 1789 (l'Acte d'Union et de Sécurité) dont le contenu avait été communiqué par écrit à l'Empereur, encore avant l'ouverture de la Diète. Ce sont justement ces lois qui, par conséquent, ont été confirmées par Alexandre Ier comme lois fondamentales de la Finlande ; il est vrai que, par suite de la déclaration qui annexait la Finlande en union inséparable à l'Empire de Russie, les articles qui concernaient l'ordre de succession au trône et la personne du Monarque, ainsi que les prérogatives d'indépendance de l'État vis-à-vis des états étrangers, se trouvaient mis hors d'usage.

Conformément aux susdites lois fondamentales, la Finlande a été gouvernée du vivant de l'Empereur Alexandre Ier, ainsi que sous les règnes de ses augustes successeurs. »

Tels sont les principaux arguments de la Diète finlandaise et du Sénat, ainsi que des écrivains locaux, qui examinent la question de la condition politique de la Finlande.

Les faits et les documents, cités par la Diète et le Sénat, ont été choisis d'une manière très partiale ; il s'ensuit que les conclusions qui en découlent sont sans fondement. Pour réaliser l'examen de la signification et de l'étendue des droits et privilèges finlandais d'une manière régulière, il est nécessaire de considérer l'ensemble des circonstances qui ont accompagné l'annexion à la Russie du Grand-Duché de Finlande, ainsi que la concession à cette contrée de certains privilèges dans sa législation.

Dans l'exposé qui va suivre on trouvera conséquemment l'indication des évènements politiques et des documents, qui s'y rapportent, ainsi que diverses considérations que les Finlandais oublient ou évitent de citer. Ces considérations passées sous silence sont tellement essentielles, qu'elles ne permettent d'aucune manière de prendre au sérieux les thèses établies par la Diète, le Sénat et les écrivains finlandais, au sujet de la condition politique du Grand-Duché.

La Diète et le Sénat ayant tiré leurs arguments principaux des évènements de la période d'annexion de la Finlande, nous nous voyons dans la nécessité de nous arrêter plus particulièrement au règne de l'Empereur Alexandre Ier et de nous borner, pour le temps qui suit, à de simples remarques.

II

OPINIONS PROFESSÉES PAR LES FINLANDAIS JUSQUE
VERS 1860

Les membres de la Diète finlandaise assemblés en session
extraordinaire, en 1899, dans leurs motifs, se rapportant au
« statut » du service militaire, ainsi que les écrivains finlandais
et les savants de ces derniers temps, dans leurs écrits et leurs
études, partent de ce point que la Finlande est un État particulier, qui a sa « Constitution » propre, qui restreint considérablement le pouvoir du Monarque dans le domaine de la
législation locale.

La théorie de l'État de Finlande dans la littérature locale et
dans l'université, commence à être élaborée, à peu près, depuis
les années soixante. Cependant aucun document officiel,
émané des institutions finlandaises, n'a donné au pays le nom
d'État.

Cette dénomination a été employée pour la première fois,
croyons-nous, par les députés de la Diète extraordinaire, dans
leur réponse à l'Empereur au sujet du Règlement militaire (1).

Il est remarquable qu'avant les années soixante les Finlandais ont reconnu leur pays comme province autonome russe
et n'ont nullement parlé d'union d'État distincte à l'Empire.

A ce sujet, il est particulièrement instructif de connaître la

(1) Pages 137, I ; 48, II ; etc.

polémique qui eut lieu en Finlande, sur la question de la situation politique de la contrée.

Le docteur en médecine Israël Wasser, Suédois d'origine, mais qui occupait depuis longtemps la chaire de l'Université d'Abo, a publié, en 1838, dans la ville d'Upsal, la brochure du « Traité » de l'Alliance entre la Suède et la Russie, en 1812 (1). Il y prouvait que la Suède, par le traité de Friedrichsham, a renoncé à tous ses droits sur la Finlande au profit de la Russie, mais qu'avant ce traité, la Finlande *elle-même s'était rendue libre* de ses rapports antérieurs à la Suède et, à la Diète de Borgo, par ses représentants, avait *conclu une paix à part* avec l'Empereur de Russie.

Grâce à cette paix, la Finlande aurait non seulement cessé d'être une province suédoise, mais elle serait entrée dans la situation d'un état particulier pourvu d'un gouvernement représentatif. Contre cette théorie, s'est soulevé le Finlandais S. J. Arwidson, doyen de l'Université d'Abo et rédacteur de la gazette « *Le Matin* » d'Abo.

Les principales thèses d'Arwidson (2) aboutissent à ceci : La Finlande était une partie de la Suède et dans aucun cas n'était un pays indépendant ; par conséquent, la puissance russe ne pouvait conclure avec elle aucun traité ; le 5/17 juin 1808, la Finlande fut déclarée province russe ; les Finlandais sont donc entrés dans la composition de l'Empire de Russie, de même que les autres peuples soumis par les armes, et ont prêté serment comme sujets russes.

A la Diète de Borgo, le droit ne fut pas accordé aux corps constitués de soulever n'importe quelle question législative. Le discours de l'Empereur consistait en paroles, adressées à ses sujets et non en déclaration de partie contractante.

Il voulait bien savoir l'opinion et la volonté de son peuple ; mais lui seul devait décider. Par le seul pouvoir des Empereurs furent décidées, plus tard même, les questions concer-

(1) Om Allinstracten emalans verije och Ryssland är 1812.

(2) Soutenues par lui dans la brochure. « *La Finlande et son avenir* » (Finland och des framtid) 1838, Stockholm.

nant la fixation des impôts ; sans égard à la loi suédoise de 1772, la censure fut introduite en Finlande, etc. A Borgo, le « Maître » avait mandé et ordonné, tandis que les nouveaux sujets se présentaient et rapportaient avec soumission.

Accordant une attention spéciale au quatrième article du traité de Friedrichsham, Arwidson ajoute : l'Empereur et ses successeurs ont reçu le droit de complète possession du pays annexé.

A Borgo l'Empereur désirait, avec une sincère bonté et une paternelle bienveillance, prêter l'oreille aux conseils de ses sujets et conquérir leurs cœurs ; c'était sage, humain et magnanime. Mais en tout cela il n'y avait rien qui ressemblât à une convention spéciale. Il confirma ainsi la religion, les droits de propriété et les privilèges ; mais c'est une tout autre chose que de reconnaître la Finlande comme État séparé. Dans aucune des questions qui ont été proposées à la Diète il n'y avait même une allusion politique. De quelle manière donc la Finlande serait-elle parvenue à la position d'un État séparé ?

L'Empereur avait confirmé les lois originaires et les privilèges dont les États avaient joui jusqu'en 1808.

Or, la Finlande par elle-même n'avait pas de droit originaire et privilèges ; mais elle avait uniquement ceux auxquels elle prenait part comme partie intégrante de la Suède, comme sa province. Ce droit de Finlande, on pouvait le confirmer sans s'obliger à rien.

La position de la Finlande n'était pas pareille aux positions des pays qui, avant d'être conquis par le sceptre étranger, avaient réussi à avoir et à développer leur propre organisation d'État. « Où sont donc, demande plus loin Arwidson, les thèses qui précisent de plus près les rapports de la Finlande avec la Russie, excepté cette manière générale de parler qui ressort des déclarations d'Alexandre Ier? »

Si quelqu'un des Souverains russes voulait ignorer cette assurance, à quelle loi fondamentale la Finlande pourrait-elle se référer, comme loi transgressée? D'où peut-elle tirer des droits pour se défendre contre la Russie, si elle est pour toujours annexée à l'Empire et si ses habitants ont été réunis aux peuples soumis au sceptre Russe après que la Suède les eut cédés en bien propre et domination souveraine de la Russie?

On peut invoquer une promesse seulement, mais non des obligations ; il n'y a aucun acte d'État, aucune garantie. La promesse dépend uniquement de la bienveillance et de la condescendance personnelle.... Et tout à coup, de tout cela est né un État particulier avec un gouvernement de représentants ! Pendant trente ans, personne, en Finlande, n'en parlait, pas plus que de la convocation de la Diète, qui ordinairement appartient à la forme de gouvernement représentatif.

Une chose est évidente, ajoute Arwidson, c'est que les lois civiles et pénales sont confirmées telles qu'elles étaient au moment de la conquête du pays (1).

Dans les années 1842, 1843 le finlandais Paavo Siromalainen (ou Charles de Bourghaus) prouvait dans ses brochures, d'accord avec Arwidson, que toutes les allégations de Wasser au sujet de la Finlande comme État, devaient se ranger au nombre des « absurdités politiques », puisque la Finlande *de facto*, n'était qu'une province russe ; et cependant de nombreux écrivains finlandais contemporains, tels que Hermanson, Mechelin, Danielson et autres, dans des brochures qui ont inondé les librairies de l'Europe occidentale, ont défendu cette thèse : que la Finlande est un État distinct, de constitution monarchique, n'ayant rien de commun avec la Russie, excepté ses rapports avec le Monarque (2).

Même encore au commencement des années cinquante il n'était question d'aucune revendication politique ou constitutionnelle, ainsi que le confirme un écrivain du pays, W. Wassenius dans le recueil « *La Finlande au XIX° siècle* » (page 359).

Telle était l'opinion de la plupart des Finlandais au commencement des années quarante et cinquante, sur la situation

(1) V. *le Journal du Ministère de la justice* (août 1895).

(2) J. W. Swellman, par Th. Rein, 1899, II, p. 153.

politique du Grand Duché ; on en trouvera la preuve dans le livre du professeur de l'Université d'Helsingfors, Palmen. « Manuel juridique » (1). Ce livre élémentaire fut longtemps unique dans son genre, en tout cas le plus répandu en Finlande et même jusqu'à présent, il n'est pas sorti complètement d'usage.

Quand il fut édité, « La Société littéraire finlandaise » décida de le traduire en langue finnoise, comme un ouvrage précieux pour éclairer les masses populaires finlandaises sur leur droit politique.

L'unique livre russe élémentaire de ce même temps était : « Le Manuel des Lois du Grand-Duché de Finlande » par B. Lundal (1857).

Palmen (page 103 et 255) ainsi que Lundal (page 88) reconnaissent de la même manière que la « Finlande est une province annexée à la Russie, par la convention de paix de Friedrichsham. » (2)

---

(1) « Juridisk Handbok for medborgerlig bildning » (1857), Helsingfors.

(2) Plus tard (1891) étant membre du Comité du comte Heiden, au sujet de la codification des lois fondamentales du pays, Palmen nommait déjà la Finlande « État » et bien avant, justement en 1861, il avait édité son premier recueil : « *Les lois fondamentales de la Finlande* ».

III

THÉORIE DU DROIT PUBLIC DE LA FINLANDE

Le travail assidu entrepris en vue de créer le droit public
de l'État de Finlande a commencé, à proprement parler, dans
les années soixante, sous l'influence des idées libérales de
cette époque et après la seconde Diète de Helsingfors. Les
Finlandais hésitèrent longtemps, passant d'une théorie à
l'autre avant de s'arrêter à la doctrine, qui domine maintenant, celle du docteur Hermansson, au sujet de l'État composé. — En 1842, le professeur de l'Université de Helsingfors, Jakob Nordstrœm, a reconnu la Finlande comme État soumis à la souveraineté de la Russie (1) ; l'union même de la
Finlande avec la Russie, il la désigne ainsi : « D'abord l'incorporation ; puis l'union réelle. » — En 1857, un autre professeur de la même Université, J.-B. Rosenberg, trouvait que
la Finlande et la Russie étaient non seulement en union
personnelle, mais que leur union réelle existait de fait.
« Je formule, écrit-il, l'union de la Russie avec la Finlande
de la manière suivante : Le Grand-Duché de Finlande forme
une partie de l'État de la Russie et est indissolublement lié à
l'Empire de Russie ; mais il est gouverné par ses propres lois
fondamentales (2). »

(1) « Et unione civitatum », c'est-à-dire l'union de plusieurs États sous
un pouvoir souverain.

(2) Le savant suédois Swedelius admet que l'ordonnance d'Alexandre Iᵉʳ
fut très indécise, qu'elle renfermait des phrases générales, susceptibles

J.-W. Snellmann, savant publiciste et sénateur, en 1859, parle de la Finlande comme d'un État qui partage, au point de vue international, le sort de la Russie, mais qui a son indépendance intérieure; cependant, en 1861, il a changé d'opinion et a reconnu la Finlande comme province de la Russie (1).

Ensuite, il y a toute une quantité d'écrivains finlandais qui, ne définissant pas, ainsi que Snellmann, la qualité juridique de l'union de la Finlande avec la Russie, se bornent à désigner leur pays comme État.

« A la Diète de Borgo, — a écrit S.-J. Sourander, en 1876, — la situation de la Finlande a été organisée de manière qu'elle est devenue un État particulier indissolublement lié à la Russie... »

« Le Grand-Duché finlandais, — a écrit R.-K. Ignatius, — est lié à l'Empire russe, de manière que l'Empereur de la Russie est toujours le Grand-Duc de la Finlande (2).

Dans cette même catégorie d'écrivains, il faut ranger aussi l'historien Irge Koskinen. Plus tard, Irge Koskinen, en examinant le travail de K.-F. Ordine : *La Conquête de la Finlande* (1889), a déclaré dans la gazette *Uusi Suometar* : « S'il n'est question que de la dénomination, il est indifférent d'employer ou non le mot « État »; mais le fait est que ce mot est toujours employé dans des actes par lesquels *la situation administrative* de la Finlande a été confirmée. »

Il y a eu aussi des écrivains qui parlaient de « couronnes unies ». Comme représentant de cette catégorie, nous citerons le professeur et sénateur R. Montgomery. Dans le discours de jubilé de l'Université, il parle de l'Empereur Alexandre II qui, dans l'ancienne capitale de l'Empire, s'est solennellement

d'interprétations diverses et variables, selon les personnes. La loi de 1789, (à l'aveu de l'écrivain finlandais (*Rousskaya Starina*, janvier 1888, page 119), a introduit de l'obscurité dans l'expression des limites du pouvoir de la Diète.

(1) *Litteraturbladet*, 1859 (page 476) et *Mémoires d'Auguste Schaumann*, 1894 (VIII, page 419).

(2) *Les tracés statistiques de la Finlande* (1876, page 28; 1882, page 50).

couronné des couronnes unies... (1). Le professeur, depuis sénateur, L. Mechelin (2) s'est montré le plus ardent défenseur de l'union réelle existant soi-disant entre la Finlande et la Russie.

A l'union réelle se rallie aussi Edward Berg (3).

Parmi les disciples de cette même union réelle, comptait aussi auparavant le professeur d'histoire R. Danielson jusqu'à 1890 (4) ; mais dès 1892 (5), il a changé de point de vue et s'est joint aux disciples de R. Hermanson. — Au nombre des écrivains finlandais, on peut compter encore W. Golovine. Dans ses premiers travaux (6), il passait sous silence la nature juridique de l'union de la Finlande avec la Russie ; mais, en 1891, pendant la plus chaude discussion sur la question finlandaise (7), il s'est prononcé d'une façon tout à fait précise.

D'après son opinion assez originale, la Finlande, sous la domination russe, serait devenue un territoire, ayant acquis des droits particuliers, ou « partie séparée de l'Empire russe. »

Mais en critiquant ses prédécesseurs, il a déclaré qu'il est en fait de toute impossibilité de reconnaître la Finlande comme Etat ; il a également rejeté la possibilité de l'application à la Finlande de la théorie de l'union personnelle ou réelle.

En 1892, le professeur de l'Université d'Helsingfors, R. Hermanson, a renoncé à toutes les théories précédentes concernant le droit d'Etat de la Finlande. Particulièrement, il a protesté d'une manière très marquée contre « l'enseignement

---

(1) *Wid Jubelfesten*, le 2 mars 1880, pages 8 et 9.

(2) Dans ses brochures : *Précis du droit public du Grand-Duché de Finlande* (1886); *Das Staatsrecht des grossfürstenthum Finland* (p. 247, 249, 340); dans son article dans le *Messager d'Europe* (mars 1888, p. 389-390) ; *La Question Finlandaise* (1893), etc.

(3) Dans son livre : *Finlands Staatsrættsliga utveckling efter* 1808.

(4) *L'Union de la Finlande avec l'Empire* (1889).

(5) Dans le livre : *L'Indépendance intérieure de la Finlande* (1892).

(6) *De la Diète de Finlande* (1863-64) et *De l'organisation du gouvernement du grand-duché de Finlande* (1872).

(7) Dans ses *Feuilles du Passé et du Présent de la Finlande* (Edition Fraser).

2

de l'Union réelle. » Au lieu de ce qui existait, il a proposé dans son livre « La situation du droit d'Etat de la Finlande » la théorie de l'Etat composé (Russe-Finlandais) ; la matière de ce livre, R. Hermannson l'a trouvée dans les travaux des professeurs allemands qui élaborăient les questions de droit des Etats appliquées à l'ordre nouveau et demandées, créées par l'Empire d'Allemagne: raison pour laquelle ces savants ont admis pour une grande part l'immixtion de la politique dans la jurisprudence. (Sous ce rapport, le professeur Laband pèche plus que les autres, et Hermannson a immédiatement marché sur ses traces). En appliquant les résultats des recherches allemandes à la Finlande, Herrmannson la reconnaît comme Etat autonome avec un gouvernement particulier constitutionnel, uni à l'Empire en une puissance qui forme un Etat composé dans lequel l'Empereur de Russie réalise les droits de souveraineté dans les affaires de tout l'Empire ; il possède, comme Grand-Duc de Finlande, la puissance souveraine dans la contrée, mais seulement dans les limites que les lois de cette contrée ont déterminées (2e éd., p. 84). R. Hermannson était président de la Commission des lois de la Diète Extraordinaire de 1899 et grâce à cela, sa théorie a passé aujourd'hui du domaine de la littérature finlandaise dans la déclaration que les délégués des Etats ont adressés à l'Empereur.

IV

ACTES CONSTITUTIFS DE LA CONDITION JURIDIQUE
DE LA FINLANDE

Afin de déterminer quels droits et privilèges ont été accordés à la Finlande, quand elle a été conquise, il faut de toute nécessité, avoir présenté à l'esprit ce qui suit :

« Dans la déclaration du 16 mars 1808, par laquelle les Etats d'Europe ont été informés de l'annexion de la Finlande, il était dit : Sa Majesté Impériale porte à la connaissance de tous les Etats d'Europe, que dorénavant la partie de la Finlande qui, jusqu'à présent, était nommée Suédoise et que les armées russes ne pouvaient autrement occuper, qu'après avoir soutenu différents combats, est reconnue *province* conquise par les armes et est annexée pour toujours à l'Empire russe. » (II° *Recueil des lois*, t. xxx, N° 22897).

Le 20 mars de la même année, suivit le « manifeste » signifiant : «Cette contrée conquise par nos armes, nous l'annexons dès à présent et pour toujours à l'Empire russe, en foi de quoi, Nous avons ordonné que le serment soit prêté par ses habitants comme sujets fidèles à notre trône. » (II° *Recueil des lois*, N° 22911).

Le 5 juin 1808, l'Empereur s'est adressé aux habitants de la Finlande par un « manifeste » particulier dans lequel nous lisons, entre autres :

« Au milieu des nations soumises au sceptre russe et formant l'Empire entier, les habitants de la Finlande, nouvellement annexée, ont pris, dès à présent, pour toujours, leur place..... A l'ombre de Notre Trône se reposent de nombreuses nations, dont le sort est également précieux à Notre cœur ; entrés dans les limites de Notre Empire, vous avez acquis par là, les mêmes droits que ces nations. *En sus des anciennes institutions propres à votre pays* et saintement gardée par Nous..... Le dévouement, l'Union, la fidèlité inébranlable — est la seule récompense que pour tout cela Nous exigeons de Vous.... »

Dans l'article 4 du traité de paix conclu à Friedrichsham les 5 et 17 septembre 1809, il est dit : « *Ces provinces* avec tous leurs habitants, villes, ports, forteresses, villages et îles, ainsi que leurs appartenances, prérogatives et avantages seront, dès à présent, *en bien propre et possession de l'Empire de Russie*, et sont à jamais annexés à elle ».

Dans l'article 6 de ce même traité, il est ajouté : « Puisque Sa Majesté l'Empereur de Russie, par le témoignage le plus indubitable de clémence et de justice, a déjà signalé aux habitants des provinces conquises, la façon d'être de son gouvernement garantissant, par les seules incitations de sa magnanime approbation, le libre exercice de leur religion, leurs droits de propriété et leurs prérogatives, Sa Majesté le roi de Suède est, par cela même, libéré du devoir sacré de faire au profit de ses cidevant sujets, n'importe quelle condition (R. d. L. N° 28883) ».

En 1809, eut lieu la Diète Finlandaise, à Borgo. Le 15 mars, aux membres de cette diète, quand ils prêtaient leur serment de fidélité, on remit l'Edit Impérial de la teneur suivante : « Par la grâce de Dieu, entrant en possession du Grand-Duché de Finlande, Nous avons reconnu pour bien de confirmer de nouveau et constater la religion, les lois originaires, les droits et les prérogatives, dont chaque état de ce Grand-Duché en particulier et tous les sujets le peuplant, du petit au grand, jouissaient jusqu'à présent, d'après les constitutions, promettant de les garder dans leur force inviolable et exercice ; en assurance de cela, Nous avons bien voulu confirmer cet édit par notre signature de main propre (1). »

Comme il est dit, dans cet édit, que les droits de la Finlande sont de nouveau confirmés, nous citons la proclamation du 10 février 1808, laquelle contient la promesse antérieure à ce sujet. « L'Empereur voulait que tout ce qui se passe sur votre terre, se passe par l'ordre ordinaire, conformément aux lois, au caractère et selon vos coutumes, qui seront gardées inviolablement..... Le Grand-Duché de Finlande sera, dès à présent, et dans la suite, compté au niveau des autres *provinces* conquises par l'Empire russe ». Le 23 mars 1808, a été proclamé un « manifeste » tout conforme à l'édit du 15 mars: « Nous, à cette occasion, avons désiré, par un acte solennel, déclarer en leur présence (des membres de la Diète) dans le sanctuaire, confirmer la religion, les lois originaires, les droits et prérogatives, dont chaque état en particulier, et toute la population de la Finlande ont joui jusqu'à présent (2).

Le Manifeste du 15 mars 1809 a été répété à leur avènement au trône par tous les Empereurs de Russie, qui ont succédé à Alexandre Pavlovitch avec cette seule différence que, à partir du 15 février 1853, les mots : « *leurs constitutions* » ont été remplacés par les mots : « *par leurs institutions* ».

Le Manifeste du 15 mars 1809 est considéré par les finlandais comme le principal document ayant réglé leur position politique, à l'instar de la « Magna Charta » des Anglais, parce que, dans ce document, il est fait mention des « *consti-*

____

(1) Cet Edit n'a pas été publié dans le Code des Lois, et l'original en a été brûlé à Abo.

(2) Les promesses du genre de celles qui se trouvent dans l'Edit du 15 mars et dans le Manifeste du 23 mars ont été donnés par d'autres de nos Empereurs à la conquête de différentes provinces. Par le Traité de Nystadt, par exemple, Pierre le Grand assura aux Etats de Livonie et d'Esthonie, le droit d'être constamment et inébranlablement soutenus dans les privilèges, coutumes et droits légaux qu'ils avaient sous le gouvernement suédois. En 1801, un Manifeste spécial accorda à la Grousie « tous les droits, prérogatives et propriétés que la loi accorde à chacun ». Il est évident que l'Empereur n'a fait que suivre ces exemples du passé dans l'Edit du 15 mars, le Manifeste du 23 mars, etc.

tutions », et il y est parlé de la confirmation *des lois originaires* de la contrée, dans lesquelles, d'après leur opinion, sont inévitablement compris ou supposés (1) : « La Forme de gouvernement de 1772 », et « l'Acte d'Union et de Sécurité de 1789 », c'est-à-dire les lois d'Etat de la Suède.

Et s'il en est ainsi, selon la conclusion des Finlandais, il s'ensuit que la Finlande aurait été élevée à la situation « d'Etat » avec un gouvernement monarchique-constitutionnel. Autrement dit, la Finlande aurait reçu une constitution et le pouvoir autocratique du Monarque dans le Grand-Duché aurait été limité par ces lois de 1772 et 1789.

Vu l'essentielle importance que les Finlandais prêtent au « manifeste » du 15 mars 1809 et surtout aux mots : « *lois originaires* », il est nécessaire de débrouiller cette question capitale et d'établir *si vraiment l'Empereur Alexandre I*er *a donné à la Finlande l'organisation avec « sa constitution » de la Suède, ayant limité son pouvoir autocratique par les restrictions des lois de 1772 et 1789.*

(1) Herrmansson : : « Le *Messager d'Europe* » (1890, VI, 788).

V

LES « LOIS ORIGINAIRES »

L'expression de « loi fondamentale » (fundamentallag) a été employée pour la première fois en Suède en 1672, et l'expression « loi de fondement » (grundlag), en 1755. De prime abord, sous ces lois, étaient compris des actes juridiques et ordonnances de la Couronne qu'il était nécessaire de « sauvegarder éternellement, observer et exécuter ». En tout cas, on ne peut pas dire que sous les lois « *fondamentales* » ou « *de fondement* » aient été comprises exclusivement les lois limitant le pouvoir du Roi et du « Rikstag » ou instituant un certain genre limité d'administration. Comme loi de fondement paraissait, par exemple, le statut de la Diète de Suède (1723) contenant le règlement de convocation des représentants de l'État, de la composition et de la procédure du Rikstag ; de plus l'ordonnance sur la presse (1767) avait aussi la force et la fermeté inébranlable d'une loi fondamentale.

La Forme de Gouvernement (1772) et l'acte d'Union et de Sécurité (1789) ont été approuvés et confirmés comme lois de fondement, *inébranlables, saintes, « immuables »*.

Ces lois contiennent aussi des ordonnances, qu'on ne peut pas nommer politiques ou ayant n'importe quel rapport avec l'Assemblée nationale ; ainsi, par exemple, dans la loi de 1789, il est traité du rachat des biens de la couronne, de la fourniture de l'armée, de la propriété foncière, de la sûreté personnelle, etc. Ni en Suède jusqu'à 1809, ni en Finlande jusqu'à présent il n'a été établi avec précision ce qu'on doit comprendre sous le nom de lois originaires (lois de fondement).

Il est connu aussi que les lois de 1772 et 1789 en Suède, ne voulaient pas dire « constitution » du royaume ; le mot même de constitution au commencement du présent siècle n'avait pas ce sens défini qu'on lui prête maintenant.

Dans la jurisprudence russe l'expression « loi de fondement » comme normes de l'institution d'Etat n'a été usitée qu'après la promulgation du Code des lois, dont la première édition date de l'année 1832. Sous la dénomination de lois fondamentales, sont comprises généralement les ordonnances juridiques d'origine plus ancienne; mais on a aussi nommé loi fondamentale celle qui traite de l'avènement au trône, publiée le 5 avril 1797, par l'Empereur Paul 1er.

Speransky, en outre, a opposé les lois fondamentales aux « institutions temporaires » (1).

Dans les dictionnaires de la langue slavonne, il est dit : *loi fondamentale, celle qui forme la racine ou la base, soit loi originaire.*

Dale, l'auteur bien connu du dictionnaire, distingue formellement entre loi originaire, « loi de fondement » et « loi générale. »

De la sorte, l'expression « loi originaire » ne donne pas le droit d'affirmer que sous ces lois il est absolument nécessaire de comprendre la Forme de Gouvernement de 1772 et l'Acte de Sécurité de 1789, et que les lois originaires, grâce à leur caractère, apparaissent comme lois politiques et limitent sûrement le pouvoir Souverain.

Le Code criminel de la Suède de 1734, se présente sans doute comme « loi originaire ». Alors pourquoi ne pas comprendre par exemple comme lois originaires, la plus importante loi de l'édit de Borgo, laquelle était en vigueur en Finlande, au moment de sa conquête ?

(1) *Lettres à Steinheil. Recueil de materiaux extraits des archives de la Chancellerie de S. M. I. (1890). Emission III, sous la rédaction de N. Doubrovine, p. 310.*

Mais une pareille conclusion ne satisfait pas les Finlandais : ils insistent sur ce point, que les lois « originaires » sont les lois constitutionnelles de l'Etat.

Comme dans l'édit du 15 mars, les lois de 1772 et de 1789 ne sont pas mentionnées, il faut avoir recours aux combinaisons et aux preuves indirectes pour comprendre ce que l'Empereur voulait dire sous le nom de « lois originaires ». Si Alexandre Ier avait l'intention de confirmer pour la Finlande les lois de 1772 et 1789, il n'y aurait eu rien de plus simple, de plus facile et de plus naturel que de nommer exactement ces lois, qui n'étaient qu'au nombre de deux. Mais si elles ne sont pas nommées, il est évident qu'il y a eu une raison très sérieuse de nier leur confirmation.

La « Magna Charta » de la Finlande ne se rapporte pas de cette manière à ces lois, et par conséquent il n'y a pas, avant tout, d'acte juridique, lequel aurait institué ces lois pour la contrée avec une entière exactitude.

A cette circonstance, les Finlandais ne sont pas enclins à donner sa propre signification, et cependant le fait démontré sape à la base toutes leurs allégations.

La « constitution » doit être donnée par un acte d'État obligatoire, pour l'une comme pour l'autre partie.

Les écrivains finlandais composent la constitution finlandaise de fragments de différentes phrases et mots prononcés à différentes époques et non seulement par le Monarque, mais aussi souvent pas son ministre Speransky.

Comme bases principales de la constitution apparaissent chez les Finlandais des conjectures, des combinaisons etc., Est-ce normal ?

En Pologne par exemple, cela a été différent ! Quand l'Empereur Alexandre Ier confirma la constitution du pays, il publia à cet effet un acte législatif qui la proclama formellement. Aux conjectures, suppositions et preuves indirectes des Finlandais nous opposerons une longue série de faits historiques et juridiques ainsi que des déductions solidement établies.

VI

LES LOIS DE 1772 ET 1789 ONT-ELLES ÉTÉ APPLIQUÉES ?

Les Finlandais qui ont lu en 1808 et 1809 les proclamations, les manifestes et l'édit du 15 mars, et qui ont entendu de la bouche de l'Empereur Alexandre Ier ses promesses, n'ont pas compris ces actes, comme les comprennent aujourd'hui les professeurs d'Helsingfors, les publicistes, les députés de la Diète, et les écrivains d'Occident à leur suite. Les hommes publics Finlandais, au moment de l'annexion du Grand-Duché, trouvaient que les lois de 1772-1789 n'étaient pas applicables à leur contrée, et par cette raison rayaient partout les citations à ces droits, là où elles étaient obligatoirement alléguées sous la domination suédoise.

Ainsi par exemple : *a*) Les députés, qui partaient pour le « Rikstag » reçurent des certificats avec de précises indications de leurs droits suivant les lois de 1772 et 1789. Les électeurs de la ville d'Abo rayèrent les renvois à ces lois, dans les certificats donnés à leurs représentants envoyés à la Diète de Borgo ; ils firent cela, non par hasard, mais après une entente préalable avec le Gouverneur-Général de la contrée, le suédois Sprengporten, qui en même temps était un des principaux champions de l'indépendance de la Finlande et dirigeait toutes les affaires de la Diète (1).

b) A la Diète de Borgo, les représentants de la nation finlan-

(1) *Castren, Skildringar,* (pages 122-123).

daise furent obligés de prêter serment. D'après les coutumes
suédoises, dans ce serment, mention était faite de la Forme
de Gouvernement de 1772. Or, dans le serment des députés
à Borgo, le renvoi à cette « Charte » fut exclus ; en même
temps dans ce serment il était parlé de l'accomplissement des
lois fondamentales telles qu'elles existent et fonctionnent (1).
Comment admettre et concilier tout cela ? Et cependant la
forme de serment à Borgo a été rédigée par les Finlandais
Geer et Rebinder.

Si la Forme de Gouvernement de 1772 et l'Acte de
Sécurité de 1789 n'ont pas été nommés dans l'Edit du 15 mars,
par contre, dans le Manifeste du 23 mars 1809, par lequel il
a été expliqué au peuple ce qui avait eu lieu à la Diète, on
pouvait réparer cela ; mais cela n'a pas été fait, quoique la
formule fût rédigée par les Finlandais mêmes, Rebinder et
Fengstrœm (2). Au contraire, les mots : « d'après les constitutions » furent rayés.

(1) *Le Messager russe* (1888 V. page 130, *Ordine*).
(2) *Le Pays Finlandais de la Russie* (1, page 132).

VII

L'EMPEREUR ALEXANDRE Ier SE CONFORMA-T-IL AUX LOIS DE 1772 ET 1789 ?

Si l'Empereur Alexandre Ier voulait réellement conserver en Finlande les dispositions du gouvernement de Suède et limiter ses propres droits par la « constitution », alors nous avons le droit de supposer que lui le premier, il se serait soumis aux exigences de la Forme de Gouvernement et à l'Acte de Sécurité ; mais en réalité, il est démontré qu'il ne se conforma pas aux principales dispositions de ces lois, et pendant tout son règne il n'a pas compté avec elles.

En voici quelques exemples :

Avant tout, en confirmant les lois de 1772 et 1789, il était obligé, conformément au § 8 de l'Acte de Sécurité, de signer de sa propre main cet acte ; il ne l'a pas signé cependant.

De même, il n'a pas prêté le serment constitutionnel des rois de Suède, quoique cette question fût soulevée à la Diète même de Borgo par les députés de Morian et le baron Mannerheim.

Speransky a fait aussitôt remarquer à ces députés que ce serment ne pouvait pas avoir lieu « vu les circonstances actuelles » (1). Par ce serment particulier, les rois s'obligeaient à gouverner « suivant la Forme de Gouvernement de 1772, en reniant la « *détestable autocratie* » (2).

(1) *Castrén, Skildringar* (page 104).
(2) *Finlands Grundlagar, 1861* (p. 58-59).

Malgré le § 33 de la Forme de Gouvernement, qui prohibait la nomination du Gouverneur-Général sans nécessité absolue et pour un temps indéfini, Alexandre Ier a sanctionné en Finlande cette institution, et a nommé pour la remplir, sans donner n'importe quelles explications, le général Sprengtporten.

Le § 10 de la Forme de Gouvernement et le § 1 de l'Acte de Sécurité exigent que la contrée soit gouvernée sans participation « des gens étrangers ».

Or, l'Empereur nomma le dignitaire russe Speransky, chancelier de l'Université d'Abo, et chargea des fonctions de Gouverneur-Général de la contrée, après Sprengtporten les généraux russes Barclay-de-Tolly, Steingel et Zakréfsky.

Après la mort du comte Armfeldt, les Finlandais eux-mêmes choisirent comme chancelier de l'Université, le comte Roumiantzoff qui refusa cette dignité. Si la Finlande avait été élevée au rang « d'Etat » et si la Forme de Gouvernement de 1772 lui avait été laissée, il aurait fallu, conformément aux §§ 20, 29, 34, 37 et autres, ériger dans la contrée différents collèges, un conseil d'Etat, une cour de justice suprême, un comité secret, des maréchaux, etc. Tout cela a été refusé à la Finlande, bien que, par exemple, les députés de la Diète de Borgo en particulier eussent sollicité l'établissement du comité secret.

Plus tard, les Finlandais firent des efforts pour transmettre à leur Sénat quelque chose des pleins pouvoirs du conseil d'Etat de Suède.

Mais en 1867, par une ordonnance particulière au nom du Gouverneur-Général, il leur fut expliqué que par aucune loi il n'a jamais été conféré au Sénat, la signification et les droits duconseil d'Etat Suédois.

A Borgo, eut lieu non pas le *Richsdag*, mais le Landtag (la Diète) ce qui de prime abord détermine sa compétence.

Le *Landtag* peut s'occuper seulement des affaires locales, provinciales, et non des questions d'Etat.

Si le conquérant de la province suédoise avait voulu lui donner, comme disent les Finlandais « l'existence politique », alors certainement il aurait dû laisser au nouvel « état » sa propre langue officielle, ce qui était indirectement indiqué par le code pénal de 1734, dans lequel il était dit, que la Cour ne devait pas, dans ses décisions, se référer aux lois étrangères, ni employer une langue étrangère (1).

Ayant connaissance de tout cela, l'Empereur Alexandre 1er ordonna néanmoins d'expédier toutes les affaires dans la langue usitée maintenant en Finlande (suédoise), jusqu'au moment où la langue russe y deviendrait en usage (2).

Cette exigence a été réitérée dans l'instruction de 1811 (§ 22) adressée à la Commission finlandaise. En 1812 (16 juin), l'Empereur publia un édit ordonnant de nommer dans toutes les écoles de la Finlande des maîtres de langue russe et de demander que tous les jeunes gens de la Finlande qui avaient l'intention d'entrer au service d'Etat, fussent obligés de prouver publiquement leur connaissance de la langue russe. En 1813, nouvelle ordonnance réitérant la même exigence (10 avril).

Sprengtporten, le comte G. M. Armfeldt, Rebinder et d'autres finlandais, qui eurent la plus grande influence sur la marche des affaires au début de l'administration russe en Finlande, reconnurent cette exigence comme parfaitement juste et naturelle. Armfeldt trouvait la demande que la langue russe fût usitée au service du gouvernement de la Finlande, tout à fait nécessaire ! (3).

On voit par cela encore que l'Empereur et ses plus proches collaborateurs ne trouvèrent pas, dans l'introduction de la langue étrangère (langue russe), dans la procédure en Finlande, quelque chose de contraire à la nouvelle situation politique donnée à cette contrée.

« Le roi ne peut édicter de nouvelles lois, ni changer les anciennes, sans la connaissance et le consentement des délé-

(1) *Section de la procédure.* Chapitre xxiv § 3.
(2) *Loi sur l'organisation de l'Administration dans la Nouvelle-Finlande* (19 nov. 1808, § 6).
(3) *Observateur 1896*, xii, (pages 222 et 240).

gués des États. » Ainsi s'exprime le § 40 de la Forme de Gouvernement de 1772.

A-t-elle été remplie, cette partie la plus capitale de la Constitution d'Etat, qui, d'après l'assurance des Finlandais, avait été concédée à leur contrée? L'histoire certifie que l'Empereur Alexandre Ier, ni dans la ville de Borgo, ni plus tard, n'a suivi en n'importe quelle circonstance les indications de ce chapitre.

Donnons encore quelques exemples :

Il est connu que la Diète de Borgo devait résoudre quatre questions. D'après le sens du § 40 de la Forme de Gouvernement, l'Empereur était obligé d'agir, par rapport à ces questions, en pleine conformité d'idées avec les membres de la Diète.

Or, l'Empereur n'a pas agi de cette façon. Lors du règlement, par exemple, de la redevance due par équivalence de la levée des recrues, suivant le système « des colonies militaires » l'Empereur Alexandre Ier prit en considération, non l'opinion de la majorité des membres de l'Assemblée nationale, comme il aurait fallu, mais le rapport de la Commission économique de la Diète (1).

Édictant ensuite le Manifeste du 17 décembre 1809, au sujet de la monnaie, l'Empereur a pris simplement en considération l'opinion des membres de l'Assemblée nationale ; mais la loi de la Diète au sujet de la monnaie ne parut point.

De même, plus tard (en 1840), les roubles russes en argent, au lieu des roubles assignats et plus tard la nouvelle unité monétaire — « le mark » — (en 1860) ont été introduits en Finlande par des oukases souverains et non par des lois de la Diète.

Encore plus visiblement s'est démontrée la façon de voir de l'Empereur Alexandre Ier vis-à-vis du pouvoir limité des membres de l'Assemblée nationale, dans la question de la confirmation et de la rédaction du règlement du Conseil (plus tard Sénat). Le projet finlandais de ce règlement avait été

____

(1) Manifeste du 10 juillet 1810. *Castren, Skildringar* (pages 156 et 169).

remis à la Diète de Borgo pour examen. Les députés s'étaient prononcés sur cette affaire, mais toutes leurs opinions n'avaient pas été admises. Les membres de l'Assemblée nationale trouvaient, par exemple, que le membre, non le plus ancien, mais occupant la première place, devait remplacer le président du Conseil, lors de son absence.

Or, l'Empereur ordonna que, justement, le plus ancien présidât en l'absence du Gouverneur-Général.

Mais la plus grande attention est due à la circonstance que beaucoup d'ordonnances du Règlement sont contraires aux lois fondamentales de 1772 et 1789. (Cela a été reconnu, entre autres, par la Commission finlandaise de Weissenberg). Ainsi, par exemple, la mesure des impôts, l'édition de nouvelles lois, leur définition, la mesure des règles au sujet de l'acquisition des biens de la Couronne par les paysans, etc., suivant les §§ 40, 41, 43, 45 et 57 de la Forme de Gouvernement de 1772 et les §§ 3 et 5 de l'Acte de Sécurité de 1789, devaient être faits par le pouvoir souverain, non autrement que de concert avec la Diète.

Cependant, le règlement (§§ 15-18) place de pareilles questions sous l'exclusive dépendance de la volonté du Monarque. Il est remarquable aussi que dans le Règlement qui apparaît sûrement comme une des importantes lois de la Finlande, puisqu'il lègue au Conseil, ou Sénat, en partie, les obligations des collèges suédois, en partie celles de la Cour suprême, desquels les fonctions et l'organisation ont été réglées par les lois de 1772 et 1789, — les auteurs de ce Règlement, des juristes locaux, n'ont pas trouvé possible d'introduire des références à la Forme de Gouvernement et à l'Acte de Sécurité, tandis que des références ont été faites par eux au Code général (par exemple chapitre Ier, § 28, section II, §§ 38 et 39).

Pour éclaircir nettement la question du Règlement, il faut aussi avoir en vue la déposition suivante de Spéransky, faite par lui dans une lettre au Gouverneur-Général Jh. Steingel (19 mai, 1811) :

« Le Conseil est organisé non par droit de constitution, mais par la seule résolution du gouvernement. La Finlande n'a jamais eu de Conseil spécial. La confirmation de ses droits n'avait pas de connexion précise avec cette institution. »

Les droits pouvaient exister aussi sans Conseil et ils furent même confirmés avant son institution.

Cette charge a sa propre institution ou Règlement.

Ce Règlement n'est une disposition ni de la Diète, ni de la Constitution, et pareillement à tous les autres règlements, il est, par sa nature, susceptible de compléments et de limitations ». (1)

Enfin pour que le lecteur puisse avoir une idée plus nette de la manière par laquelle de simples dispositions administratives se trouvent transformées en lois de la Diète, nous allons citer une petite page de l'activité des Sociétés finlandaises juridiques. Elle nous montrera en même temps à quel point il est nécessaire de n'accepter qu'avec circonspection les assertions, mêmes collectives, des conciliabules locaux.

Les Finlandais attribuent au Règlement de 1809 une grande signification constitutionnelle; ils le classent, sans aucune raison, au nombre des lois fondamentales du pays (Voir L. Mechelin). En 1881, toutes les Sociétés juridiques de Finlande, ont spécialement débattu la question de ce Règlement. Elles connaissaient certainement l'histoire de l'origine de ce Règlement (Spéransky), son contenu, ses fréquents remaniements administratifs (en 1891, 57, 92 et 96) et malgré cela elles ont décidé que certaines parties de ce Règlement (lesquelles donc ?) ont été tirées des lois de 1772 et 1789 et ne peuvent être changées qu'avec le consentement de la Diète. (Ext. Helsingfors Dagblad, 1881, 193).

(1) *Recueil des matériaux historiques des Archives de la Chancellerie de* **S. M. I.** (Edition Doubrovine. Vol. III 1890, p. 307.

VIII

LA DIÈTE DÉLIBÉRATIVE DE BORGO

Si Alexandre Ier ne se conforma pas aux indications des lois de 1772 et 1789, pourquoi donc, le Règlement de 1809 a-t-il été transmis à l'examen de la Diète de Borgo ?

Il est évident que c'était pour avoir non la décision de la Diète, mais seulement son opinion. Dans les publications au sujet de la convocation de cette Diète (1er février 1809), il était dit : qu'elle est assemblée pour conférer. Auparavant encore, dans la proclamation de 1808, il fut aussi fait mention que la Diète est nécessaire pour délibérer au sujet de tout ce qui a rapport aux avantages de la contrée. A Borgo, aucune des propositions à ce sujet n'a été adressée aux membres de l'Assemblée nationale, et les questions relatives à l'armée, la monnaie, les impôts et le gouvernement ont été transmises à la Diète pour être généralement délibérées. Les Etats mêmes de la Diète comprenaient alors, que leur rôle ne se prolongeait pas au delà de l'émission de déclarations et d'opinions (1).

C'est seulement dans les derniers temps que les écrivains finlandais ont commencé à leur donner le rôle de législateurs et de « Seconde puissance d'Etat », bien que l'Empereur en clôturant la Diète en 1809, eût dit : « En appelant les Etats

(1) *Voir les Protocoles de la Chevalerie et Noblesse en langue suédoise* (IIe partie, p. 410) ; *Les protocoles des Etats des Bürguers* imprimés en 1886 (p. 172), *Castren, Skildringar*, p. 149.

de la Finlande à la Diète générale, je voulais savoir les *désirs* de la nation au sujet de ses véritables besoins. Je les prendrai (c'est-à-dire ses opinions) en considération. »

« Il faut faire une remarque essentielle, écrivait Spéransky à Barclay-de-Tolly, au sujet de l'ordre, dans lequel les délibérations ont été conduites. On ne demandait à la Diète ni *des résolutions*, ni des décrets, mais de *simples opinions*.

Il découle de ce qui a été dit, que la Diète de Borgo avait un caractère *consultatif*, et non celui d'une institution législative. Et s'il en est ainsi, il est confirmé de nouveau que l'Empereur Alexandre Ier n'a pas limité son pouvoir et n'a pas conféré à la Diète de Borgo les droits et pleins pouvoirs du Ricksdag suédois, comme à un organe législatif. En d'autres termes, il n'avait pas l'intention de transplanter sur le sol finlandais la constitution suédoise.

Le professeur d'Upsal, Swedelius, a donc indubitablement raison de voir dans la Diète de Borgo ce que pendant la domination suédoise on appelait *assemblées provinciales* ou *Diète locale*.

Swedelius ne reconnaît pas non plus la Diète de Borgo comme « assemblée constitutionnelle », quoique cette Diète, d'après son opinion, eût en quelque sorte, pour but de donner une base à la nouvelle institution d'état ou à une nouvelle organisation du gouvernement (1).

La Diète de Borgo, en général, ne fait époque dans l'histoire de la Finlande, que depuis les dernières dizaines d'années ; tandis qu'avant, sa signification restait presque inaperçue ; en ce qui concerne ses contemporains, ils ne lui ont accordé aucune attention particulière (2).

Ajoutons que le gouverneur d'Abo Troil, l'évêque Tengström le major Klick et autres, se sont prononcés même contre la convocation de la Diète de Borgo. Ainsi l'Empereur Alexandre Ier, dans le domaine législatif de la Finlande, faisait des dispositions d'une façon si indépendante, que dans ses actions, il est

______

(1) Swédelius, « Om Finlands landtdagar » Upsala, 1872).

(2) Irje Koskinen, *Histoire de la Finlande*, en langue suédoise (page 598).

impossible de voir n'importe quelle influence du § 40 de la
Forme de gouvernement de 1772.

En général, les Finlandais répondent à cela, qu'au pouvoir
souverain, d'après les précédentes lois d'État de la Suède,
était réservé le droit d'édicter personnellement des dispositions au sujet de ce qui concerne l'économie, la police et l'administration du gouvernement, et aussi des « statuts » de
différents genres se rapportant au commandement de l'armée ; et enfin d'expliquer le véritable sens et la signification des
lois en activité, et ils ajoutent que l'Empereur Alexandre Ier a
profité seulement des droits « du roi de Suède ».

Mais d'abord il n'y a pas de lois pareilles à celles dont parlent les Finlandais ; c'est pourquoi ils sont obligés, pour justifier leur point de vue, de se référer à l'usage et à la ci-devant
coutume suédoise. En second lieu, l'Empereur Alexandre Ier
édita, ainsi que nous l'avons vu, non des mesures secondaires
ou d'insignifiantes dispositions de caractère administratif ou
policier, mais des lois de première importance, lesquelles
instituèrent le nouveau gouvernement du pays.

Outre cela, pendant le règne de l'Empereur Alexandre Ier
ainsi que sous les règnes des souverains, ses successeurs, des
lois pareilles furent changées, amplifiées ou rejetées sans le
concours de la Diète, et ces lois avaient cependant été édictées
avec la participation du Ricksdag suédois. Ainsi, par exemple,
des amendements ont été introduits au Code général de 1734,
lequel, sans doute, avait le caractère d'une loi organique et
avait passé, en son temps, par les mains des délégués des
États au Ricksdag de la Suède.

En 1826, a été publiée la loi concernant la peine capitale ;
en 1833, les dispositions relatives au commerce ont été changées ; ensuite les réglements au sujet des bâtisses, des en-
quêtes et procédures ont été changés ; en 1848 a été abolie la
peine infamante d'exposition au pilori, etc. (1).

____

(1) Sommaire de quelques lois édictées sans la participation de la
Diète :

Pendant 54 années, les Diètes n'ont point eu lieu en Finlande.

Les partisans de la constitution trouvent que cette circonstance ne prouve rien, parce que les lois originaires laissaient aux rois le droit de faire appeler les États du pays où et quand ils le voulaient. Mais il est reconnu que la Diète avait le droit de contrôler l'administration financière, c'est-à-dire qu'elle devait constater que les revenus vont au profit et au bien de l'État, et outre cela, sous le ressort direct des délégués de l'Assemblée devait se trouver la Banque de l'État.

En l'absence des Diètes de 1809 à 1863, la révision de la caisse et des fonds de la banque n'a pas eu lieu par conséquent; autrement dit, la loi très essentielle de la constitu-

En 1827, loi permettant aux personnes de la religion greco-russe d'entrer au service de la contrée.

En 1840, par le manifeste du 6 avril a suivi le remplacement des droits de redevance non dans le sens proposé auparavant par la Diète de Borgo.

En 1841, ont été permis quelques emprunts.

En 1842 (8 septembre), la perception des timbres a été augmentée; norme ensuite acceptée par la Diète de Borgo.

En 1846 et 1848, ont été confirmés les statuts d'arpentage et les statuts de la géodésie, lesquels ont beaucoup touché les dispositions du Code général de 1734.

En 1851, a été édité l'oustave forestier.

En 1851, les nobles russes ont reçu le droit d'acquérir des immeubles dans les limites de la Finlande.

En 1858 (29 mars), a été édité l'oustave des lettres de change, en remplacement de l'oustave suédois, qui avait passé par le Riksdag.

En 1863, l'oustave de la douane a été confirmé.

En 1864, la partie de Sestroretzk du gouvernement de Viborg a été annexée au gouvernement de Pétersbourg.

En 1867, a été publié le nouveau Code de la presse.

En 1869, a été organisée une nouvelle administration des établissements d'instruction de la Finlande. La Diète s'est prononcée sur cette question, mais tout de même la loi du 12 décembre a paru indépendante et différente pour beaucoup des résolutions prises par les membres de l'Assemblée. Une histoire toute pareille est arrivée en 1888-1898 avec le tarif, au sujet de l'expédition des gazettes et journaux. En 1872, a été édicté un nouvel oustave scolaire.

En 1891, a été confirmée la loi de police rurale. En 1888, la Diète avait examiné le projet de cette loi et, en 1891, a paru la confirmation souveraine déjà sans la participation de la Diète.

tion n'a pas été remplie et cela démontre encore une fois qu'elle n'a pas été confirmée pour la Finlande.

En vue du grand nombre de faits cités, il est plus que difficile d'admettre l'existence d'une « constitution » d'État en Finlande. Il a été réservé à la Finlande sa ci-devant condition comme province ; mais une nouvelle situation politique n'a pas été créée pour elle ; il lui restait son administration intérieure, indépendante des principales institutions de l'Empire. Aux Finlandais ont été conservés le culte de la religion luthérienne, le ci-devant statut de l'Église, les droits de liberté personnelle, les droits de propriété agraire et de possession, les droits civils et le Code pénal, l'ancien système de service militaire, les lois d'administration, de justice et de procédure judiciaire, les ordres commerciaux, etc.

Les Finlandais, autrefois, ne prenaient part qu'au Riksdag suédois, mais ils n'avaient pas leur propre Riksdag, c'est-à-dire de Diète d'État ; il leur a donc été concédé un *landtay* seulement, c'est-à-dire une assemblée de délégués provinciaux et non une Chambre de députés de l'État.

IX

TÉMOIGNAGES FINLANDAIS SE RAPPORTANT A L'EXISTENCE D'UNE « CONSTITUTION »

Il n'a pas été donné à la Finlande un gouvernement constitutionnel ; cela est constaté par le témoignage de beaucoup de Finlandais, soit contemporains de la Diète de Borgo, soit d'une époque plus récente.

La « Constitution » d'État manquant à la Finlande, les hommes publics de Finlande firent tout leur possible pour tâcher de l'acquérir. Le baron Mannerheim, l'un des plus influents membres de la Diète, écrivait vingt ans après les évènements de Borgo :

« Une pleine résolution de la Diète, demandée par les formes constitutionnelles n'a pas été souscrite... La Diète n'a pas justifié les espérances fondées sur elle. L'acquis essentiel de la Diète a été la promesse solennelle de l'Empereur de garder les lois du pays, les droits et privilèges et aussi *l'organisation du gouvernement propre à ce pays, tout à fait séparé du gouvernement russe*, grâce à l'organisation du conseil d'État. Il restait encore à erpérer qu'aux futures Diètes, dans des conditions plus paisibles, *on réussirait à organiser et à fortifier la constitution de la Finlande,* espérance qui, sous le règne d'Alexandre Ier, était près d'être réalisée, mais qui cependant, pour des raisons inconnues, n'a pas été réalisée (1) ».

(1) *Castren, Skildringar* (page 229-230).

Dans le même sens s'est prononcé aussi l'archevêque Jacob Tengstroem, qui était le chef de l'Etat ecclésiastique à la Diète de Borgo, et qui pouvait, par conséquent, savoir quels droits et privilèges ont été accordés alors, en sa présence, à la Finlande (1). Bientôt après la Diète de Borgo, le comte G. M. Armfeldt et Rebinder ont usé de toute leur influence, afin de formuler, pour le pays, une véritable constitution, mais en vain.

« Nos institutions sont encore si imparfaites, écrivait le comte Armfeldt, elles sont conçues dans un esprit si anti-libéral, qu'il faut les remplacer par d'autres. »

Il faut convoquer les membres de l'Assemblée et proposer une « Constitution » : par conséquent il n'y en avait pas (2).

L'ami du comte Armfeldt, Tengstroem, de concert avec Aminoff, a élaboré le projet d'une pareille constitution désignant par là, qu'il aurait fallu maintenir la Forme de Gouvernement de 1772 et l'Acte d'Union et de Sécurité de 1789 (par conséquent ces actes n'avaient pas été maintenus!) (3). En 1819, le secrétaire d'Etat de Finlande, Rebinder avec les membres de la Commission finlandaise, forma un vaste projet d'organisation d'Etat et administration de la Finlande, comportant des ministres responsables, la contre-signature obligatoire de toutes les dispositions du gouvernement par le secrétaire d'Etat, la présentation à la Diète des rapports concernant l'administration de la contrée, etc. Mais ce plan n'a pas eu le sort de se réaliser. Quand et de quelle manière ces plans de réforme, si vastement combinés et élaborés, ont-ils été rejetés ? On ne sait.

Deux ans après, on espérait encore qu'ils passeraient. Ainsi, le comte Aminoff écrivait, le 28 septembre 1821 : « Entre autres Commissions qui doivent avoir lieu à Helsingfors

----

(1) Schübergson, *Ur Finlands Konstitutionella historia, 1809-1863*. Helsingfors, 1898. (p. 8).

(2) Nabludatel (*L'Observateur*), 1896, XII, 225 et 259. Anc. russe, 1896.

(3) *Abow, Observateur* (1896) (XII, 227).

j'aurai à présenter la rédaction de la constitution de la patrie, constitution qui a été promise (1). »

Le major Klick, qui joua un rôle remarquable au temps de l'annexion de la Finlande, assurait catégoriquement que la Forme de Gouvernement de 1772, n'a jamais été reconnue (2) par le gouvernement russe. On peut citer encore le rapport du professeur de l'Université d'Helsingfors, J.-B Rosenburg, lequel (1857), en caractérisant la Forme de Gouvernement et l'Acte de Sécurité, a dit : « les soi-disant lois fondamentales de la Finlande sont obscures et à double sens dans leurs expressions et dans quelques parties ne contiennent pas ce qu'on y cherche ; les droits des Etats sont aussi à double sens et peuvent donner prétexte a des débats et malentendus ; en tout cas, ces droits sont loin de ce qu'ils devraient être, afin qu'il soit possible de mettre la Finlande au rang des Etats constitutionnels » (3).

Enfin, une circonstance attire l'attention, c'est que pas plus loin qu'en 1877, le journal le plus influent de la Finlande « *Helsingfors dagblad* » (N° 1) écrivait, au sujet de l'indécision des rapports entre la Finlande et la Russie, que les règlements du droit de la nation finnoise de prendre part dans l'établissement des impôts ne sont pas clairs, que les articles de la Forme de Gouvernement sont souvent douteux et hésitants, etc., aussi le journal conseillait-il de profiter de la prochaine révision des règlements sur le service militaire pour consolider quelques droits douteux.

Ainsi écrivaient et pensaient naguère encore les Finlandais ; mais dans ces derniers temps, leur manière de voir a subi une complète révolution et ils commencent de plus en plus à soutenir, que, pour la Finlande, les lois constitutionnelles de la Suède ont été gardées. Mais, s'il suffit de lire ces lois pour se convaincre que les 9/10mes de leur contenu·

(1) *Castren Skildringar* (p. 371-382).
(2) Ordine « *La Conquête de la Finlande* » (II, p. 160).
(3) *Om Riksdagar* — *W. Rosenborg* (Helsingfors, 1857), préface et p. 294.

ne sont nullement applicables à la situation de la Finlande,
créée après 1809. De là il est clair qu'elles ne pouvaient
avoir été maintenues après l'annexion du pays à la Russie
et c'est pourquoi l'édit du 15 mars 1809 ne les mentionne
pas.

X

DE L'IMPOSSIBILITÉ D'APPLIQUER LES LOIS DE 1772 ET 1789
A LA FINLANDE

« La Forme de Gouvernement » de 1772 et « l'Acte d'Annexion
et de Sécurité » de 1789 sont les conséquences de la lutte pour
le pouvoir ; ces deux actes sont des pactes conclus pour consolider un pouvoir acquis. Quand Gustave III réussit à ré-
primer l'oligarchie suédoise il fit passer de force la « Forme
de Gouvernement », afin de rétablir l'autorité du roi.
L'Acte de Sécurité forme la seconde conquête du roi dans
l'établissement de ses droits ; mais cette conquête a été
achetée par la concession de nouveaux droits agraires aux
classes qui n'appartenaient point à la noblesse. Les Monarques russes gouvernent leurs sujets non à l'aide de conventions procurées par différents accommodements et concessions, mais par la grâce de Dieu. Aussi est-ce par la « Grâce de
Dieu » que l'Empereur Alexandre Ier est entré en possession
absolue de la Finlande. En se référant aux lois fondamentales
de 1772 et 1789, on voit que la Forme de Gouvernement, par
exemple, oblige le roi de Suède à suivre la confession d'Augs-
burg (§ 1) ; pour la succession au trône, il est prescrit de remplir les conditions posées et approuvées à Stockholm, en 1743
(§ 3) ; les conseillers d'Etat sont obligés de s'en tenir à la
définition de la Diète de 1602 (§ 4) ; les conventions sont con-
clues par le roi non autrement qu'après consultation des

conseillers d'Etat (§ 6). Sans la connaissance ni le consentement de ces conseillers, le roi, s'il est un étranger, n'a pas
le droit de quitter le pays (§ 7) ; l'armée est obligée de prêter
serment, non seulement au roi, mais à l'Etat et aux dignitaires de l'Etat (§ 18) ; l'organisation de la charge de Gouverneur-Général est interdite (§ 33) ; le roi ne peut pas édicter de
nouvelles lois sans le consentement des délégués des Etats,
(c'est-à-dire du Riksdag) § 40 ; en prêtant « serment » le roi
s'oblige à détester l'autorité illimitée du roi ou du gouvernement absolu.

Dans l'acte d'Annexion et de Sécurité il est dit, au contraire, que le roi a plein pouvoir de gouverner l'Etat et de
régler d'après son suprême jugement toutes les charges de
l'Etat ; la nation de la Suède a incontestablement le droit,
sur ce point (c'est-à-dire sur les moyens de son entretien),
de délibérer avec le roi, de convenir, de refuser ou d'accorder
son consentement ; les délégués du Riksdag ne s'occupent que
des affaires proposées par le roi, et enfin la Forme de Gouvernement de 1772 garde une force inviolable en tout ce qui
n'est pas changé par cet Acte.

Pour quiconque prend connaissance de la pleine teneur des
lois d'Etat de la Suède (1) il sera incontestablement clair,
que dans leur plus grande partie, elles ne pourraient, d'aucune manière, être appliquées à la Finlande, depuis son détachement de la Suède.

Si l'on admet que l'Empereur Alexandre 1er en parlant des
lois « originaires » avait eu l'intention de concéder à la nation
finlandaise les lois de 1772 et 1789, alors tout naturellement se
pose la question : quelles parties de ces lois jugeait-il possible
de garder, quelles lois considérait-il comme déchues par le
fait de la soumission de la Finlande à la Russie autocrate,
et quelles lois enfin n'avait-il pas l'intention de confirmer ? C'est une question de grande importance, qui, cepen-

(1) Voir, par exemple, le *Recueil des lois fondamentales en activité en Finlande ; K. Jakoubof (Helsingfors, 1889).*

dant, n'a jamais été résolue par une autorité compétente en sorte que la « constitution » de la Finlande reste jusqu'à présent à l'état non codifié.

Profitant de cela, chaque homme d'Etat finlandais traite le domaine des lois fondamentales d'après son idée personnelle et son goût particulier. Interprétant les lois de 1772 et 1789 d'une manière arbitraire on arrive à une telle obscurité et indétermination, que ni les savants, ni les publicistes de la Finlande même, n'ont pu s'y débrouiller et n'ont abouti à aucune entente avec leurs collègues russes et étrangers. Peut-on, par exemple, approuver les déclarations de la Diète de 1899 : que tout ce qui a été déterminé en Suède par les lois fondamentales, après 1809, concernant les droits du roi serait applicable à l'Empereur et au Grand-Duc ? (1) Cela veut dire en d'autres termes, que l'Empereur et Grand-Duc doit être de la confession d'Augsbourg, détester l'autocratie : et comme il est, par rapport à la Finlande, étranger, comme Grand-Duc, il n'a pas le droit de quitter le pays sans le consentement des conseillers d'Etat.

On a essayé d'interpréter dans ce sens, en Finlande, cette loi qui limite pour un roi étranger, le droit de sortir de l'Etat, quand (en 1883), on tâcha de baser le pouvoir du Sénat local sur les lois d'Etat de la Suède. La commission de codification de Weissenberg prouvait que le Grand-Duc se trouve en perpétuelle absence de la contrée et que par suite l'existence du Sénat local dépend de la constitution finlandaise.

Les Finlandais eux-mêmes ont fait maintes fois l'essai de compulser dans les lois de 1772 et 1789 les §§ qui, d'après leur opinion, pourraient être appliqués dans les limites du Grand-Duché. Il en résultait certes une grande discordance. Dans les trente années le doyen de l'Université d'Abo Arvidson a

<hr>

(1) L. Mechelin : *Les droits de la Finlande contredisent-ils aux intérêts de la Russie ?* (page 5) 1890. Du même auteur : *Lois fondamentales de la Finlande*, 1898, p. 5. Cet avis fut littéralement répété par la Diète de 1899 ; p. 14, II. Jakoubof, *Recueil*, 1889, p. 92.

compté que des cinquante-sept paragraphes de la Forme de Gouvernement, onze restent applicable à la Finlande (1).

D'après la dernière énumération faite en 1898, ces paragraphes n'étaient plue qu'au nombre de vingt (2).

D'après d'autres, sur cinquante-sept paragraphes de la loi de 1772, trente ont été annulés, etc. (3).

Outre cela, ni les savants suédois, ni les Finlandais ne peuvent tomber d'accord sur la question de ce que l'on doit compter comme lois fondamentales, et de savoir lesquelles d'entre elles ont force de loi jusqu'à présent dans le Grand-Duché.

La Commission de A.-Weissenberg constatait, par exemple, que les chapitres 2, 4 et 5 sur le pouvoir royal dans l'Arrêté des Etats de 1442 devaient sans aucun doute être considérés comme lois fondamentales.

L. Mechelin rejette cette thèse et, à son tour, tâche d'admettre dans la catégorie des « lois fondamentales » le Règlement du Conseil (Sénat).

Le Prof R. Hermannson a rejeté l'opinion de Mechelin, etc. Un des hommes les plus remarquables du pays, Erenstroem, encore en 1812, s'est prononcé dans le sens que, pour la réforme de tout le Conseil (Sénat), il n'y a pas la moindre nécessité de convoquer la Diète ; autrement dit, Erenstroem n'a pas reconnu le Règlement du Conseil comme loi fondamentales (4).

Le caractère et la signification de la Forme de gouvernement de 1772 et de l'Acte de Sécurité de 1789, présentent une énorme différence : La première loi limite le pouvoir du roi et la seconde le rend presque autocratique ; c'est ce qui explique, selon l'opinion du meilleur historien du droit de l'Etat sué-

(1) *Journal du Ministre de Justice* (Abow.) Ces paragraphes sont les suivants : 1, 2, 5, 9, 40, 41, 42, 43, 45, 46, 50 et 57.

(2) *Recueil de la Finlande* (Edition de Popow, 1898), page 52.

(3) Darest : « *Les Constitutions modernes* » (Paris, 1891) VII, pages 144-145.

(4) *De tre Gustavianerna Hartmann*, 1899 (p. 284).

dois, le Prof^r Naumann, pourquoi les rois de Suède, à la fin du XVIIIe et au commencement du XIXe siècles, ne s'embarrassaient pas des dispositions de la Forme de Gouvernement (§ 40), quand ils voulaient promulguer une loi, mais agissaient indépendamment des représentants du peuple (1).

Ainsi, par exemple, en 1766, avec participation du Riksdag, une loi fut édictée concernant l'indépendance de la presse ; en 1774, Gustave III, de sa propre autorité, modifia cette loi, en adoptant de nouveau la censure préalable et, depuis 1798, il a même poursuivi rigoureusement la presse (2).

L'Acte de Sécurité de 1789 a paralysé en grande partie la Forme de gouvernement de 1772, donnant au roi plein pouvoir de gouverner l'Etat, et au peuple, au sujet des impôts, le droit de se consulter, de s'entendre, de refuser d'entrer en entente avec le roi.

Il ne faut pas perdre de vue que dans la composition de la Forme de Gouvernement, ainsi que dans l'Acte de Sécurité, il entre non seulement des lois d'Etat spéciales et constitutionnelles, mais aussi des lois n'ayant rien de commun avec le gouvernement et les hautes institutions. « Personne, sans arrêt de la Cour légale, ne doit être privé de la liberté et des biens ; les « hofgericht » sont obligés de rendre justice à chacun ; les personnes de toute classe ont le droit de posséder la terre ; les paysans peuvent racheter les « heimats » du gouvernement ; les capacités, les services, l'expérience et la valeur civile sont les conditions nécessaires pour avoir des emplois indépendamment de l'origine, etc.

Les Finlandais ont certainement appliqué ces articles pendant tout le temps de la domination russe.

La logique porte à croire qu'Alexandre Ier, avant tout, pouvait avoir en vue de garder ces dispositions pour la Finlande, parce que, par leur origine et leur signification, elles appa-

---

(1) Naumann : « *Svenskatatsför fattingens historiska utveckling*, 1878 » (p. 394-395).

(2) *Jurisdisk Album*, Rob. Lagus (Helsingfors, 1861) 1. cahier 2.

raissaient d'un côté comme « lois originaires » et de l'autre formaient la particularité du gouvernement intérieur de la Finlande et la base de la vie finnoise, que le conquérant désirait laisser intactes et indépendantes de l'ordre de gouvernement existant dans l'Empire.

Ainsi, Alexandre Ier entré en possession de la Finlande comme Empereur autocrate, désira, par modération, laisser en propre au pays son gouvernement intérieur.

Les Finlandais répondent à cela « Non ! », Le conquérant de la Finlande avait aussi en vue les lois de l'Etat, et on voit bien cela dans la minute autographe du rescrit secret du souverain (1) daté du 14 (26) septembre 1810, donné au nom du gouverneur-général de la contrée d'alors, rescrit dans lequel il était dit : « Mon intention, lors de l'organisation de la Finlande, consistait à donner à cette nation une existence politique, afin qu'elle ne fût pas regardée comme asservie à la Russie, mais attachée à elle par ses propres intérêts ; pour cette raison, lui ont été gardées non seulement les lois civiles, mais aussi ses lois politiques (2) ; le gouvernement même a été confié au Conseil finlandais sous votre surveillance, etc... »

Au sujet de cette indication, il est nécessaire d'avoir en vue que la nation peut posséder ses classes sociales, le droit de s'assembler en Diètes et d'autres, mais que cela ne dénote pas encore qu'il lui ait été donné une organisation d'Etat et une indépendance politique.

Le pays peut avoir des droits politiques et jouir d'un pouvoir législatif indépendant, et tout de même ne pas être un Etat. Le Canada anglais, par exemple, a son parlement indépendant, ses revenus, même des ministres responsables,

---

(1) Ce document a été reproduit dans le *Recueil des matériaux historiques* tirés des archives de la Chancellerie particulière de S. M. I. (Edition Doubrovine, Emission III, 1890) pages 298 et 299. Ici le document est appelé non *rescrit*, mais *projet d'instruction* au général-gouverneur finlandais à l'occasion des perturbations politiques qui ont eu lieu alors en Suède. Avant la publication de cet acte dans le *Recueil*, cet acte n'a pas été connu des Finlandais.

(2) Rapport bien dévoué des membres de l'Assemblée, 1899, p. 137.

et tout de même n'est pas une unité politique, elle n'est pas un État. Il faut dire la même chose de l'Islande ; avec toute son indépendance législative, elle n'est pas une unité politique indépendante. L'Inde, depuis 1877, se nomme même empire (d'après la proposition de Beaconsfield), mais cependant elle n'est pas un État. Par conséquent, les droits politiques ne donnent pas encore la position d'État.

Pour prouver leurs droits politiques, les Finlandais indiquent ensuite le rapport que Speransky a présenté à l'Empereur (du 11 février 1811). Dans ce compte rendu (1), il est indiqué que la Finlande est un *État* et non une province, et que les principales affaires de la Finlande sont : la Diète, par laquelle a été posée une ferme base à toute l'organisation de la contrée, et qu'un grand nombre d'affaires courantes de la Finlande est la conséquence de la Constitution de ce pays. « Le pouvoir souverain étant limité par la loi, dans cette contrée, devait tâcher de se fortifier par les détails du gouvernement (2). »

Tout cela a été écrit par Speransky, qui avait la confiance de l'Empereur, lors de l'organisation des affaires finlandaises, et, par conséquent, il est certainement nécessaire de compter avec ses dépositions. Examinons-les.

Avant tout, ces dépositions sont écrites dans un rapport et non dans quelque acte d'État.

Les discours par lesquels, par exemple, l'Empereur a ouvert et clôturé la Diète de Borgo (3), ont aussi été composés par Speransky, et cependant il n'y a pas fait de pareilles dépositions. Ensuite, comme on le sait, les États ne sont pas organisés par des comptes rendus des dignitaires, — mais par des lois organiques. — Speransky a nommé la Finlande « État », mais il l'a nommée aussi « province ». Dans une note donnée aussi à l'Empereur, il écrivait : « Outre cela, les soi-disants revenus

(1) *Recueil de la Société historique impériale russe* (t. XXI, p. 456).
(2) *Rapport de la Diète*, 1899 (p. 114).
(3) *La vie du comte Speransky*, du baron Korff (1, p. 262).

de l'État de cette contrée sont à la disposition de la « province même » (1) !

Remarquons, à ce propos, que le gouverneur-général Steinheil, dans son rapport au souverain (le 19 août 1811, n° 416) parlait *des provinces* finlandaises, souverainement confiées à son administration (2),

Dans le compte rendu de 1811 Speransky a nommé la Finlande une seule fois « État »; ordinairement, il la nomme « province ». Or, ce ne sont pas les ministres, mais les Monarques, qui donnent telle ou telle situation politique à une contrée conquise, et l'Autocrate Souverain de Speransky, dans la lettre, écrite de sa propre main à Napoléon Ier, communiquait : « … Mais j'ai déclaré la Finlande suédoise province » russe (3). »

Après les circonstances que nous venons de montrer, quelle signification peut avoir la citation du rapport de Speransky? (De la manière dont Speransky comprenait en général la « Constitution», nous en reparlerons plus tard(4).

Quant à la question de la Diète : à quel degré, suivant les dépositions du même Speransky, elle a mis une ferme base à la présente organisation de cette contrée, et à quel degré elle a limité le pouvoir de l'Empereur, — nous trouvons une réponse suffisante dans le fait bien connu, que la Diète de Borgo était une institution consultative et non législative. En outre, l'Empereur Alexandre Ier, après 1809, n'a pas convoqué une seule fois la Diète, nonobstant l'intercession des députés de l'Assemblée Générale, comme Arakschejeff nommait la Diète, et malgré les prières pressantes à ce sujet du comte G.-M. Armfeld et de Rebinder (5); et l'Empereur lui-même, personnel-

(1) V. Ordine, *Conquête de la Finlande*, 1899 (II, 431).

(2) *Recueil des matériaux historiques,* édition Doubrovine, 1890 (Emission III, p. 313).

(3) *Constitution de la Finlande*, dans la rédaction de Mechelin, traduction d'Ordine, 1888 (p. 131). *Recueil de la Société impériale russe,* 1893 (t. LXXXVIII, p. 600).

(4) *V.*, pages 57-58 du présent exposé.

(5) *L'Observateur,* 1896. (XII, 226. Article d'Abov.)

lement, sans aucune coopération des membres de l'Assemblée, a édicté les plus importantes lois, sur lesquelles repose toute la base de la présente organisation de la Finlande. Il est donc évident que, personnellement, il ne considérait nullement la Diète comme une des importantes affaires de la Finlande.

Et si le pouvoir législatif se faisait sans la Diète, par quoi donc le pouvoir souverain a-t-il été limité en Finlande?

XI

LA FINLANDE EST-ELLE UN ÉTAT ?

Les Finlandais, comme nous l'avons indiqué, insistent dans ces derniers temps obstinément sur ceci, que leur contrée est un « Etat ». Les membres de la Diète extraordinaire de 1899 ont reconnu comme nécessaire même de protester positivement contre ceux qui mettent comme base de la législation spéciale l'établissement du Grand-Duché comme province finlandaise (1) et non comme « Etat ». Dans toutes leurs explications les Finlandais partent de cette thèse qui d'après eux, ne fait pas de doute, puisque l'Empereur Alexandre Ier disait et écrivait maintes fois : « votre constitution » vos lois « fondamentales », « le droit de son existence politique », « la constitution de la Finlande », et parlait du peuple finnois, « placé désormais au rang des nations. »

Il est donc nécessaire d'examiner de plus près la situation de la Finlande, pour définir a quel degré en réalité, elle a en elle les particularités nécessaires à toute contrée qui prétend au titre « d'Etat ».

Pour admettre l'existence d'un Etat, la science contemporaine demande que la Finlande ait son propre territoire, sa population, ou ses sujets, et enfin un pouvoir spécial.

La Finlande a-t-elle ces éléments ? Nous allons le voir.

(1) *Rapport très dévoué des membres de l'Assemblée, 1899.* (ii. p. 48).

XII

LE TERRITOIRE DE LA FINLANDE

Pour la question du *territoire* de la Finlande, les circonstances historiques mais les documents suivants peuvent apparaître comme suffisants pour la résoudre.

D'après le traité de paix de Friedrichsham (5 sept. 1809), la Finlande n'est pas entrée en bien propre, mais en possession autocrate de la Russie, non comme une unité territoriale séparée, mais comme un élément organique et intégral, soit un ensemble de provinces, auxquelles à différentes époques ont été ajoutées différents domaines territoriaux. Ainsi, par la souveraine déclaration du 2 novembre 1809, il a été ajouté à la province d'Ouléoborg, une partie de la province suédoise de Westerbotny, laquelle n'appartenait pas auparavant au Grand-Duché, et, par le manifeste du 11 décembre 1811, la province de Wibourg, laquelle depuis 1710 entrait au nombre des possessions de l'Empire et avait déjà eu le temps de devenir presque russe.

Ajoutons à ce propos, que l'indication que nous trouvons dans l'histoire sur ce que la Finlande s'est formée de différents territoires, par la volonté du Souverain Russe Autocrate a été probablement prise en considération au temps où, dans le Grand-Duché, a été organisé un diocèse indépendant et orthodoxe. Par l'ordre souverain N. 40 en 1895 le chef de l'administration locale orthodoxe porte le titre d'archevêque de Finlande et de Wibourg.

Remarquons encore que dans les actes officiels on ne parle
pas des frontières de la Russie et de la Finlande, mais toujours
on comprend la Finlande comme étant dans les limites de
l'Empire. Par exemple, dans la convention de 1821 il s'agit
des frontières de la « Russie et de la Suède, » et on comprend
toujours la Finlande dans les limites de la Russie. C'est aussi
sous ce point de vue que l'Empereur Alexandre Ier envisageait
les choses. On en trouve le témoignage dans le journal du
général Michailowsky-Danilewsky :

« Avouez, a remarqué l'Empereur, que nos frontières se sont
élargies. Je ne connais pas d'Etat qui ait des frontières tellement profitables. »

« Prenons au nord même : Le golfe de Bothnie est un mur
insurmontable, et dans les environs de Tornéo nous ne devons pas craindre d'agressions, parce qu'il n'y a là que des
rennes et des lapons.

» Les circonstances nous ont forcés à faire la guerre avec les
Suédois et la conquête de la Finlande avait déjà pour la Russie
le plus grand avantage. Sans cette conquête en 1812 peut-être
n'aurions-nous pu remporter un succès, parce que Napoléon
avait dans Bernadotte son lieutenant (1). »

Partant de cette situation, nos Monarques considéraient la
-modification des frontières entre la Russie et la Finlande
comme une affaire intérieure et de famille.

Déjà le 12 avril 1808 il fut ordonné de laisser passer les
marchandises de la Finlande en Russie (et réciproquement) de
la même manière, qu'on laisse passer les marchandises d'un
port russe « dans un autre port russe ». La ligne de douane
entre la Finlande et la Russie a été rectifiée suivant les circonstances : en 1814-1816, elle passait par exemple par Pargolovo,
Novoiaderevnia et Lachta (2). Maintenant, comme on le sait,
cette ligne passe au delà de ces endroits vers l'ouest.

Mais la question du territoire finlandais est particulièrement

----

(1) *Dictionnaire biographique russe, 1896* (t. p. 352).

(2) *Recueil complet des lois.* Nr. 21. 220.

bien éclairée par : *a)* le manifeste du 11 décembre 1811, suivant lequel la province de Wibourg, acquise en vertu des conventions de 1721 et 1743 (1) devrait être réunie dorénavant à la Nouvelle Finlande ou Finlande Suédoise, et *b)* par le règlement du Grand-Duché de Finlande de 1864 (Nr. 5) par lequel le district de Sestroretzk a été séparé de la province de Wibourg et annexé à la province de Saint-Pétersbourg. Ces deux documents montrent clairement que les Empereurs Alexandre Ier et Alexandre II, envisageaient également de pareilles additions de terres à l'une ou à l'autre des principales parties de l'Empire, comme des affaires d'ordre intérieur administratif.

En admettant un autre point de vue sur ces faits, il aurait fallu reconnaître qu'en 1811 des districts ont été cédés à un autre « État », lesquels districts depuis le temps du traité de la paix de Nystadt, avaient été incorporés à la Russie.

Il en serait sorti une situation tout à fait impossible, car le principe d'union et d'indivisibilité du territoire d'État forme partout la première règle de la sagesse de l'État et de la politique (2).

D'un autre côté, l'admission en 1864 de la partie du district de Sestroretzk à la province de Saint-Pétersbourg est remarquable particulièrement parce qu'elle a été faite sans référence « au second pouvoir d'État de la Finlande » et justement dans le temps où les membres de l'Assemblée étaient à la Diète à Helsingfors ; ce qui, d'autre part, atteste que l'Empereur Alexandre II ne reconnaissait pas que son pouvoir fut limité par n'importe quelle constitution suédoise, puisque le § 1 du second chapitre de l'Arrêté des Etats de 1742 — (que les Finlandais comptent « comme leur loi fondamentale ») — défend au roi d'amoindrir ses terres au profit d'un autre roi (3).

(1) *Code complet des lois.* Nr. 3818.

(2) Chez nous ce principe est indirectement démontré par la loi de l'ordre de la succession. (Professeur A. S. Alexejeff. *Loi d'Etat russe* 1895, page 174).

3) Observateur. 1896, XII, 228, et Prastren, p. 515 (en suéd.).

En citant la province de Wibourg, on doit mentionner la page intéressante que le ministre secrétaire d'Etat Rebinder a introduite dans son histoire. Dès le premier jour il restait mécontent du plan du comte Armfeld et, déjà en 1812, il annonçait que « par suite de l'union de la vieille Finlande à la nouvelle contre nous (c'est-à-dire contre les finlandais), un parti influent (d'élément russe) s'était créé ». En 1822 la même question dut être de nouveau touchée, à la suite de l'expropriation de la province de Wibourg des districts de Lintola et Sestroretzk. En ce temps là les Finlandais regardaient encore une pareille expropriation comme toute naturelle, et il n'y eut pas d'objections de la part du pouvoir local.

En 1824 Rebinder écrivait à un de ses amis : « Je connais toutes les difficultés contre lesquelles vous avez à lutter dans cette province maudite, qui nous a été donnée par le courroux du ciel. »

Enfin, en 1826, Rebinder remit à l'Empereur une note spéciale, se rapportant à la nécessité de rendre une partie de la province de Wibourg à la Russie, de peur que contre ce « rocher » l'indépendance de la Finlande ne vînt à se briser. Cette note était motivée en détail. L'affaire fut portée à la conclusion du Sénat local, lequel, guidé par des considérations plus patriotiques que juridiques, se prononça sans hésitation contre le projet de Rebinder. Il se trouva même des sénateurs qui déclarèrent que les terres de la province de Wibourg ne pouvaient être rendues à la Russie sans le consentement de la Diète ; mais le procureur du Sénat (Wallen) se tenait à un autre point de vue, et lui, comme Rebinder, ne dit rien de la nécessité de se maintenir aux lois fondamentales et de chercher à obtenir « la dispense des membres de l'Assemblée ».

Il est évident que le procureur, ainsi que Rebinder, se souvenaient, que toute la province avait été annexée à la principale administration de la Finlande par la seule parole du Tzar, exprimée dans le souverain manifeste. Outre cela, le procureur ajouta que, si le Monarque décidait de rendre une partie de la province, il serait utile de joindre aux districts de Kivinebe,

Moula et Valkjarvi, indiqués par Rebinder, un autre district russifié (Rautus) (1).

De cette manière le Finlandais même qui joua un rôle si important dans l'Histoire du Grand-Duché, ne voyait pas dans l'action d'amoindrir le territoire de cette contrée, — une violation de la loi fondamentale.

Il est à regretter que son projet soit resté sans conséquences ; les Finlandais en 1864 s'efforçaient, au sujet d'une indemnité pour le district de Sestroretzk, d'obtenir des terres aux environs du Varanger-Fiord ; mais cela leur fut refusé, parce que toute compensation dans une pareille affaire fut reconnue pour inadmissible, même par un journal tel que le « Golosse », qui passait alors pour très libéral (2).

Dans ces circonstances, on ne saurait parler d'un territoire Finlandais, comme étant séparé ou propre.

---

(1) *L'Observateur* 1896, XII, 228. Castren (p. 315) en langue suédoise. Rob. Tagus, Juridiskt album (Helsingfors 1862), 2ᵉ série, 1ᵉʳ cahier, pages 143-161.

(2) A la fin des années 70, N. Ervast prouvait, dans la Gazette Finnoise « *Echo* », qu'il fallait absolument annexer le district de Kemsk (province d'Arkhangel) à la Finlande ; que cette annexion est la condition même du développement de cette région. (*Messager Russe*, sept. 1895, p. 309).

XIII

LA NOTION DE « SUJETS FINLANDAIS »

C'est dans le même état que se trouve la question de la
sujétion Finlandaise. Dans leurs opinions sur l'existence d'une
pareille sujétion les Finlandais se basent avant tout sur les
paroles de l'Empereur Alexandre Ier que « le peuple Finnois
est placé désormais au rang des Nations », et ensuite sur quelques Décrets de Lois, dans lesquels se trouve l'expression « sujets Finlandais ».

Ainsi, par exemple, dans les règles concernant l'enregistrement en Finlande « des enfants de soldats et matelots », et des
« enfants illégitimes de ces soldats », ou dans celles « la perception des impôts, ou encore dans le règlement de placement des
Finlandais au Corps des Pages, » etc., on parle, en effet, des
sujets de cette contrée, des enfants de sujets Finlandais, de la
sujétion par rapport au Grand-Duché, etc. (1).

L'expression, que « le peuple Finnois sera placé désormais
au rang des Nations » ne peut avoir d'autre signification, —
disent les Finlandais, — que celle-ci : la Nation Finnoise a
reçu la forme d'État de son existence politique, puisqu'on
n'appelle pas « nation » la population d'une province.

(1) Cf. le supplément au § 556 (remarque I), livre IX, *Code des Lois.*
— *Code complet des Lois* 1821, N° 28560, 1839, N° 11182, 1855, N° 29824.

Nous croyons pourtant que dans le cas présent, on ne peut considérer les paroles de l'empereur que comme des vœux de prospérité à la nation finnoise et point comme un acte de transformation de la Finlande de province en « État ».

L'empereur Alexandre Ier, sympathisant au peuple finnois, pouvait espérer qu'avec le temps elle prendrait place au rang des nations.

Pour être une nation, il faut avoir un certain développement de culture, un certain passé historique, avoir la possibilité de garantir son indépendance politique ; il faut avoir, enfin, son propre pouvoir suprême national indépendant.

Sans ces données, une « nation » ne peut avoir qu'une signification ethnographique. Cependant, il n'est pas dans le pouvoir des Monarques de donner à la nation un passé historique, si nécessaire pour la nationalité d'État ; il n'est pas, non plus, dans leur pouvoir, de produire des Dante, des Raphaël, des Galilée finnois et autres célébrités.

Le Monarque pouvait donner aux finnois un pouvoir séparé souverain, mais il n'a pas voulu le faire. Pour ce qui a rapport à l'expression de sujets finlandais, qui se rencontre quelquefois dans des décrets de lois, oukases et dispositions, il faut les regarder plutôt comme mécomptes et inexactitudes de notre législation, provenant de l'absence d'unité nécessaire et de concordance dans la terminologie.

Notre loi reconnaît le droit de bourgeoisie finlandaise, mais elle ne reconnaît pas la sujétion finlandaise comme droit essentiel. La loi du Grand-Duché ne connaît pas non plus la sujétion finlandaise. Si cette sujétion existait, notre loi concernant les classes (IXe livre du Svod) demanderait aux Russes, lors de leur établissement en Finlande, la même adoption de sujétion qu'on demande aux étrangers, tandis que l'établissement ou la naturalisation des Russes en Finlande se fait maintenant par une simple action de recensement sans prestation de serment. Il ne s'agit pas d'autre choses pour un russe qui veut s'établir en Finlande que d'une simple « inscription » au nouveau domicile (voir l'annexe aux § 312 et 356, IXe livre,

Code des Lois) ; mais dans l'explication détaillée de ces règles d'inscription certaines inexactitudes se sont glissées. Dans la description des formalités nécessaires, l'expression de « sujet finlandais » a été employée. Et cependant l'inscription à un nouveau domicile est loin de correspondre à un changement de sujétion.

Et d'ailleurs, quand l'Etat admet un étranger à acquérir la sujétion, il y a toujours obligation de prêter serment. Notre loi, admettant que le russe en Finlande n'a qu'à obtenir « l'inscription », témoigne par là-même que la Finlande n'est pas un Etat distinct. (Nulle part, ni dans les lois finnoises, ni dans les lois russes, la Finlande n'est nommée « Etat » et s'il n'y a pas d'Etat, il ne peut pas y avoir de « sujets »). L'origine de l'expression « sujet finlandais », laquelle se rencontre dans l'Oukaze de 1828 (au sujet de l'action de réserver aux nobles finlandais les mêmes droits qu'aux Russes), dans le manifeste de 1831, (de la perception des droits de douane des sujets russes établis en Finlande dans la classe de commerce), dans l'Oukaze de 1855 (sur la question de laisser dans le corps des Pages trois vacances pour les finlandais), etc., s'explique en grande partie probablement encore par cela, que ces Oukazes et dispositions ont été rédigés principalement dans le secrétariat de l'Etat de Finlande, et à cause de cela, ils n'ont pas été mis en conformité nécessaire avec la loi d'inscription à domicile des personnes en Finlande.

L'histoire de l'annexion de la Finlande ne donne aucune base pour l'établissement d'une terminologie qui contiendrait l'expression de « sujet finlandais » ou « sujétion du Grand-Duché », etc.

Au mois de mai 1808 les habitants de la Finlande avaient prêté serment à la « sujétion fidèle », éternelle, au « *sceptre russe* » et cela, suivant le serment qui leur a été communiqué par le commandant en chef, le comte Buchshoevden, et ce serment n'avait rien de commun avec les serments de l'époque suédoise (1).

____

(1) *Recueil des règlements finlandais*, 1. 8. (En langue suédoise).

Dans le manifeste du 5 juillet 1808, au sujet de l'annexion de la Finlande, il est parlé aussi du serment à la sujétion fidèle au sceptre russe et plus loin « au rang des peuples assujétis au sceptre russe et formant un seul Empire... »

Admettre l'existence de deux sujétions dans un seul et même empire, n'aurait pas de sens (1).

Voici encore une circonstance qui mérite l'attention; les membres de la première Diète à Borgo s'intitulèrent « sujets russes ».

En 1810, il fut ordonné qu'il fallait traiter les Finlandais arrivant à St-Pétersbourg de la même manière que les gens arrivant des provinces intérieures (2) et, à leur départ pour l'étranger, leur donner des passe-ports en conformité avec les règles établies chez nous (3).

En pleine conformité avec ces indications de l'histoire il fut ordonné : 1° que les habitants de la Finlande jouiraient en Russie, à l'égalité avec les autres sujets de l'unique et inséparable empire, de tous les droits, sans remplir pour cela les moindre formalités particulières : 2° que les Russes par voie d'inscription pure et simple pourraient jouir des privilèges qui forment la particularité des citoyens finlandais (4).

Si en réalité les Finlandais n'étaient pas des sujets russes, alors à leur installation en Russie, il aurait fallu appliquer à leur égard les règles et le serment qui en pareil cas sont obligatoires pour les étrangers,

_____

(1) Remarquons à ce propos, que suivant le serment actuel à la sujétion les Finlandais font promesse de rester *fidèles sujets* à S. M. I., et à l'héritier du trône, et à la Maison Impériale, et de défendre la puissance *impériale*. (*Régl. du Gr. Duché de Finlande*, 1877, N° 34).

(2) Cf. *Les protocoles de la Chevalerie et Noblesse*, 1809 (II, 399).

(3) *Code complet des Lois*. (N°ˢ 25, 543).

(4) Citons aussi quelques décrets de lois donnant aux personnes ruches, le droit de servir en Finlande : *a*) Manifeste du 9 février 1816. *b*) Ordonnance souveraine du 14 août 1827. *c*) Déclaration souveraine du 21 juin 1841. *d*) du 7 mars 1842 et du 4 mars 1846. *e*) Rescrit souverain du 1ᵉʳ mars 1852. *f*) Déclaration souveraine du 16 juin 1862. *g*) Règlement du Grand-Duché de Finlande, 1891 (n° 27) ; etc.

En Russie, personne n'a jamais regardé les Finlandais comme étrangers.

Ajoutons encore que si la Finlande était un « État constitutionnel séparé » et s'il y existait une sujétion séparée, les règles de naturalisation auraient dû être édictées par le Monarque conjointement avec les Membres de l'Assemblée ; mais, en réalité, il n'en est rien, au contraire, il est connu que les règles, qui concernent l'acquisition de la bourgeoisie en Finlande, sont toutes d'origine administrative (1).

A la suite du manque dans les lois et réglements du Grand-Duché d'indications au sujet de la sujétion finlandaise et en vue de ce que cette sujétion n'est pas directement prévue dans la législation russe, les Finlandais ont commencé à rechercher les indications correspondantes dans les différents règlements de lois, qui pouvaient avoir quelque rapport indirect à ces questions.

Pour cela, ils se sont référés au règlement des passe-ports, au règlement consulaire, aux règles sur les vacances finlandaises, au Corps des Pages, au Code pénal, etc. Dans le projet du Code pénal russe, en 1885, les Finlandais ont trouvé, par exemple, l'expression de « sujet russe » se rapportant aux sujets de l'Empire et aussi du Grand-Duché ; partant de là, la Diète a fait cette conclusion qu'en général une différence est tracée entre les sujets de l'Empire et les sujets du Grand-Duché (2).

Ces allégations paraissent étranges, en particulier, celle qui concerne le *projet* du Code russe de 1885, alors que, en 1894, la Finlande a reçu un nouveau Code pénal, dans lequel il est dit exactement : « les Finlandais ou autre sujet de l'État russe... » (3)

____

(1) *Helsingfors Dagblad* 1879, n°s 222 et 223. La question sur naturalisation est examinée dans le Supplément au Manifeste du 27 mars 1810, par la déclaration souv. du 8 juin 1810, dans le règlement du Grand-Duché de Finlande, 13 novembre 1819, 20 septembre 1831, 13 mars 1838, 31 janvier 1842 et 1er mars 1858.

(2) Réponse très dévouée des Membres de la Diète en 1899 (II. 43) etc.

(3) Voir par ex. chap. XII du Code criminel Finlandais de 1894.

par quoi toute différence dans la sujetion est annulée (1).

Si dans les différents décrets de loi et à diverses occasions une différence apparaît cependant entre Russes et Finlandais, cela est tout à fait naturel, inévitable et provient de différentes raisons, mais non du fait de l'existence de deux sujétions séparées ; dans les manifestes souverains, il est dit, par exemple : « Nos sujets Finlandais » ; il est évident que par cela on désire plus exactement définir un certain groupe de la population de l'Empire. mais non exprimer la confirmation de l'appartenance de ces sujets à un autre État.

(1) La séparation des nations composant l'Empire dans des groupes politiques ne peut plus être désirable après l'essai fait en Pologne. « Toute la contrée, (écrivait le prince Adam Tchartorisky à l'Empereur, à la fin de 1815), attend avec impatience le jour où conformément à la constitution, tous les employés russes, sans exception quitteront la contrée » (Sidorow. A. *Les Russes et la vie russe à Varsovie.* 1899. 1ᵉ édit. 20). Peut-on nier le désir des Finlandais de se séparer des Russes dans leurs institutions comme dans l'armée ? Il est indubitable aussi que ces prétentions se sont affermies depuis la propagation de la doctrine de la Constitution de l'État finlandais.

XIV

DU POUVOIR SOUVERAIN EN FINLANDE

Reste la question du *Pouvoir Souverain*. Ce pouvoir est un symptôme extérieur et la condition de l'indépendance nationale ; le pouvoir est un des principaux éléments d'un État séparé. La Finlande n'a jamais eu de pouvoir souverain, séparé, propre, indépendant ; et en 1809 elle ne l'a pas reçu. Les Finlandais trouvent, que leur contrée portait le *titre* du Grand-Duché déjà en 1581, que la Finlande, depuis longtemps déjà, formait effectivement une unité séparée, territoriale, à la suite de la différence de langue et de nationalité avec la Suède (1) de sa situation géographique et de son sort historique.

A en croire un historien finlandais (2) il paraîtrait que la Finlande, déjà lors de la domination suédoise, aurait eu son trône, lequel non seulement de fait, mais juridiquement, serait resté vacant avant l'ouverture solennelle de la Diète de Borgo. D'après le dire d'un autre historien finlandais (3), pendant la Diète, à Borgo Sa Majesté Impériale aurait été assise sur un Trône, qui portait les armoiries de la Finlande.

A l'article 4 des lois fondamentales de l'Empire de Russie; il est dit effectivement qu'avec le Trône de l'Empire de Russie

(1) Rapport très dévoué de la Diète 1899 (II, 37).

(2) *Le Développement du Droit d'État de la Finlande après* 1808, p. 10 (en langue suédoise) de Edward Berg.

(3) *La Réunion de la Finlande à l'Empire Russe*, 1890 (p. 9) Pr. Danielson.

les trônes du Royaume de Pologne et du Grand Duché de Finlande sont réunis d'une manière inséparable.

Mais cet article, avant tout, distingue non les États russes, polonais et finlandais, mais seulement les trônes, et de plus, il ne désigne pas leur union, mais au contraire confirme leur caractère inséparable. Si ces trônes sont inséparables, cela prouve qu'ils ne forment, en effet, qu'un seul Trône : tout ce qui est inséparable est par là même indivisible (1).

Après avoir vérifié toutes les sources de l'article 4, M. Ordine a prouvé, à son temps, que le Manifeste du 12 décembre 1825 parlait seul du Trône finlandais ; les autres sources, indiquées dans cet article nient l'existence de ce Trône.

On sait, dans quelles circonstances a été rédigé le Manifeste du 12 décembre 1825 (2).

Cependant la question de savoir comment il faut comprendre l'article 4 de nos lois fondamentale est déjà depuis longtemps établie et éclairée par les Manifestes du 18 février 1855, du 1er mars 1881 et du 20 octobre 1894, dans lesquels il est parlé de la Succession des Monarques au Trône de leurs ancêtres, à celui de l'Empire de Russie, du Royaume de Pologne et du Grand-Duché de Finlande, inséparables de l'Empire. D'un seul et même Trône parlait aussi l'Empereur Alexandre Ier après l'annexion de la Finlande, dans le Manifeste du 16 août 1823.

Les Finlandais ont également reconnu l'unique Trône Impérial, comme on le voit, par exemple, dans les lois et décrets du Grand-Duché de Finlande, en 1863, n° 13 et 1864, n° 19.

Néanmoins, les apôtres du séparatisme, de leurs codes imaginaires, consacrent des chapitres séparés et des paragraphes au Trône finlandais (3).

Ainsi le Trône est un et indivisible. De l'examen du Titre

(1) Prof. N. M. Korkounoff, « *Chronique Juridique* », avril 1890 (p. 322).

(2) Ordine, « *Messager Russe* » (1888, XII). » Les frontières finlandaises de la Russie (II, 308-311).

(3) L. Mechelin, *Finland Grundlagars innéhåll. Helsingfors*, 1896, p. 14.

du Monarque on ne peut non plus tirer aucune conclusion en faveur d'un pouvoir Souverain spécial à la Finlande, parce que le Grand-Duché de Finlande occupe une place bien modeste parmi les royaumes de Kazan et d'Astrakan, les Grands-Duchés de Smolensk et de Litovsk (1).

. Enfin il est impossible de distinguer dans le Monarque de l'Empire deux personnalités : l'Autocrate Empereur de Russie et le Grand-Duc constitutionnel de Finlande. Que le pouvoir est unique, on peut s'en convaincre aisément en se posant la question suivante : si la Finlande est un Etat et a un pouvoir souverain séparé, alors à quel titre est-elle donc unie à la Russie? Une très grande majorité d'écrivains finlandais (2) s'en tient à ce point de vue, que le Grand-Duché se trouve avec la Russie en union réelle, c'est-à-dire que la Finlande et la Russie sont unies comme deux Etats indépendants par une convention pour les temps éternels. La théorie de l'union réelle entre la Finlande et la Russie a fait le tour de tous les pays, malgré son évidente et complète inapplication au cas présent. Une union comprend un état de connexion sans subordination. Ceux qui se trouvent en union gardent leurs droits souverains et paraissent également indépendants.

Or, la Finlande est pour toujours annexée à la Russie, et n'est pas liée avec elle simplement par la dynastie régnante ; la Finlande a passé en bien propre et souveraine possession de l'Empire russe, et n'est pas entrée dans sa composition par n'importe quelle convention.

Quand cette théorie eut été complètement réfutée par des écrivains russes (3), quelques écrivains finlandais ont renoncé à elle, et à sa place ont avancé celle d'Etat complexe (Fin-

(1) *Les Lois fondamentales de l'Empire russe* (I. Chap. 37-38).

(2) Castren et Berg, L. Mechelin, etc.

(3) Particulièrement par le prof. Korkunoff. M. Pergament. (Nature juridique de l'Union réelle, Odessa, 1893) etc. Lorsque la partie libérale de la Finlande, dans son programme de 1880, préconisait l'*union* avec la Russie, le « Finnamann » Snellmann raillait cette situation, déclarant qu'il ne savait avec quel pouvoir russe entrer en pourparlers à ce sujet. (V. ses œuvres, Liv. VI, 1895, p. 625).

nois-Russe), dans lequel l'Empire, ayant la prééminence du pouvoir, réalise les droits souverains, c'est-à-dire le pouvoir d'Etat dans les affaires générales de l'Empire, tandis que la Finlande apparaît comme un Etat non souverain, mais autonome (1).

Autrement dit, les Finlandais d'aujourd'hui, ne reconnaissent pas la souveraineté, c'est-à-dire le pouvoir illimité, comme attribut nécessaire de l'Etat ; ils admettent de cette manière, l'existence des Etats non souverains, dont le pouvoir est limité par un autre Etat souverain. Mais en ce cas la Finlande perd une des marques de l'État, le pouvoir propre indépendant, En effet, dans l'*Union des Etats*, la situation est encore telle, que chaque Etat peut garder l'indépendance de son pouvoir souverain, c'est-à-dire son pouvoir illimité, tandis que dans un Etat complexe cela est impossible.

Le pouvoir souverain est indivisible par sa substance même. S'il est encore possible d'admettre la divisibilité de la souveraineté par rapport au territoire, on ne peut nullement partager les actions du pouvoir souverain d'après les objets à régler. Il est déjà difficile de l'admettre abstraitement, mais il devient tout à fait impossible de l'admettre en pratique. Pour que l'activité compatible de plusieurs pouvoirs indépendants soit possible, il est nécessaire qu'à un de ces pouvoirs soit donné le droit de résoudre en dernier ressort les cas douteux et les discussions. Mais si l'on réserve ce droit au pouvoir confédéré, les pouvoirs de chacun des Etats qui forment la Confédération, lui seraient subordonnés, et le pouvoir confédéré, par ses actions, limiterait et annulerait la souveraineté de chaque Etat consultatif.

Pour conserver les attributions d'un Etat, il est nécessaire d'avoir une domination indépendante, fondée sur son propre droit.

Les rois de Prusse, de Wurtemberg, de Bavière et de Saxe n'ont pas reçu leurs attributions du pouvoir impérial. Les

____

(1) Situation des Droits d'Etat de la Finlande par le prof. Hermansonn (1892. Edit. 1ʳᵉ 84).

provinces, quoique possédant une très grande autonomie, réalisent leur pouvoir non indépendamment, non par droit propre, mais par délégation de l'Etat, et c'est pour cela qu'elles sont soumises à la surveillance du pouvoir d'Etat. Les Etats formant par leur réunion un Etat confédéré (ou complexe) quoiqu'ils ne soient pas souverains, ont cependant un pouvoir indépendant, fondé sur leur droit propre, et ce pouvoir doit leur avoir appartenu déjà avant la formation de l'Etat confédéré (1). La Finlande n'avait pas auparavant ce pouvoir indépendant par droit propre, et elle ne l'a pas encore (2). Le professeur Jellinck, en admettant la réunion de plusieurs Etats séparés, dans une seule intégralité d'Etat (et par ce système, un Etat doit-être souverain et l'autre non souverain) le fait avec la condition expresse, que ces Etats séparés aient des représentants du pouvoir séparés l'un de l'autre. Or, la Finlande et la Russie n'ont pas eu de représentants séparés du pouvoir et ils ne les ont pas.

Dans les décrets du Grand-Duché de Finlande, l'Empereur porte le titre d'«Empereur » Autocrate de toutes les Russies » ; le premier organe administratif du pouvoir de la contrée se nomme « Sénat impérial » pour les affaires de la contrée, l'Empereur a sa Chancellerie Impériale pour les affaires de Finlande.

La pratique a montré enfin, qu'en Russie et en Finlande il n'y a pas *deux pouvoirs d'Etat*. Et en général, il est bien difficile de se représenter qu'il soit possible de limiter un pouvoir par un autre, quand ces pouvoirs appartiennent à une seule personne. Comment admettre, par exemple, qu'Alexandre II comme Grand-Duc de la Finlande soit le vassal d'Alexandre II comme Empereur de Russie ? (3) Pas un seul de nos Monarques n'a divisé sa sphère d'activité en qualité d'Empereur et en

(1) N. Korkounoff. *Journal des Journaux*, 1896. N· 6.

(2) *Uber Staats fragmente* (1896).

(3) A ce sujet, rappelons les paroles du général Lubinsky ; « Les Polonais ne doivent pas oublier que le Tsar constitutionnel en Pologne, est l'Empereur autocrate de la Russie, et que dans la lutte entre la liberté et le pouvoir, il faut avoir sans cesse cette vérité devant les yeux ». Prince P. A. Wiasemski, viii, 61).

qualité de Grand-Duc. Une pareille division des droits de la personnalité du Monarque russe aurait été définie par un acte spécial législatif. Mais cela n'a pas été fait. En vue de l'absence
du principal élément qui constitue un État, c'est-à-dire d'un
pouvoir monarchique indépendant, le professeur Jellinek est
arrivé à cette conclusion, que la Finlande n'est qu'un fragment
d'État, et non un État séparé (1).

(1) Les États mi-indépendants sont créés ordinairement par la voie des
conventions internationales et ils ont toujours à leur tête un pouvoir souverain propre. Par exemple, la Bulgarie.

XXV

LA FINLANDE, PARTIE DE L'EMPIRE

Dans nos lois fondamentales pour la Finlande, aucune exception n'a été faite, et la signification du pouvoir autocrate des Monarques russes n'a pas été changée par rapport à la Finlande ; aussi il n'a été fait pour elle aucun changement dans les principes de notre constitution politique. Par conséquent, nous avons le droit d'envisager la situation politique de la Finlande du point de vue de l'Etat impérial de l'autocratie russe, et de ne voir dans les privilèges de cette contrée, qu'une affaire intérieure de l'Empire de Russie. Comme objet du pouvoir souverain, la Finlande est une partie de la Russie. « Les Finnois, disait l'Empereur Alexandre Ier à R. Rebinder, peuvent consolider leur position et travailler à l'avantage de l'Empire dont leur pays fait partie dorénavant » (1). La même chose a été réitérée par l'Empereur Alexandre II, dans son discours du 12 (24) mars 1863, prononcé au Sénat Finlandais : « ... Vous formez une partie de la grande famille, dont le chef est l'Empereur de Russie ! » Pour tout ce que la Finlande a gardé de son passé, elle est redevable exclusivement à l'unique et seule volonté du chef de cette grande famille.

Quand l'Empereur Alexandre Ier créa la nouvelle situation de la Finlande, il ne laissa pas même au roi de Suède, le droit,

(1) Danielson. Réunion de la Finlande à l'Empire Russe, 1890, (p. 87).

(2) Lagus. Coup d'œil sur le développement de la Finlande de 1856 à 1880, p. 6. En langue suédoise.

au moment de la conclusion du traité de la paix de Friedricksham, de faire en faveur de ses ci-devant-sujets n'importe quelles conditions (1). C'est-à-dire qu'il agissait ici tout au contraire de ce qu'il faisait en 1819 quand il créait le royaume de
Pologne. J'ai créé ce royaume — disait l'Empereur — et je l'ai
créé sur des bases très fermes, puisque j'ai contraint les empires
d'Europe à assurer son existence par une convention (2).

Outre cela, l'Empereur Alexandre Ier a souscrit la Charte
constitutionnelle du Royaume de Pologne et s'est fait couronné à Varsovie. L'Empereur Nicolas Iᵉʳ (12 mai 1828) suivit son exemple, en vertu du § 45 de la Constitution Polonaise qui parlait de la nécessité d'être couronné comme roi
de Pologne et de prêter serment pour l'exécution de la
Charte constitutionnelle (3).

Rien de pareil, par rapport à la Finlande, n'a été fait : d'où
nous avons le droit de conclure qu'à cette contrée a été donnée
seulement une administration intérieure indépendante, mais
non pas une nouvelle situation d'État. Pour avoir une situation d'État, la Finlande, comme nous avons déjà vu, ne possède pas « en pleine étendue » les trois éléments — le territoire, les sujets et le pouvoir souverain — que demande la
science comme signes distinctifs de l'indépendance d'un État.

La Finlande a reçu quelque chose de ce qu'on range généralement parmi les attributs d'État, mais beaucoup de choses
lui manquent encore. Outre qu'elle n'a pas son trône séparé,
elle n'a pas une liste civile, pas de drapeau, pas d'hymne
national, ni une police d'État, ni des titres et décorations; son
unité monétaire, suivant la loi de 1860, forme une subdivision
de la monnaie russe ; sa douane est réglée par des ordonnances,

---

(1) Chapitre du *Traité de Friedricksham* du 5 septembre 1809. (Rec.
compl. des lois. N. 23883).

(2) Dictionnaire biographique russe, liv. I, 346.

(3) *Annales Russes*, mars 1900. Pendant la période d'élaboration de
diverses constitutions finlandaises, un des législateurs improvisés du
pays a essayé d'introduire dans son travail la mention du couronnement
de la couronne finlandaise, mais, jusqu'à présent, ce projet n'a pas
été plus loin que ce timide énoncé.

émanant du Conseil d'État de l'Empire ; ses milices sont, en beaucoup de cas, gouvernés conformément aux règlements militaires de la Russie ; ses postes et télégraphes sont soumis au ministre de l'Intérieur de l'Empire ; son corps de Cadets, pour ce qui est des questions d'enseignement et de discipline, est dirigé par la principale Administration des écoles militaires de l'Empire ; ses écoles russes sont soumises au ministère de l'Instruction publique de Russie ; l'Administration écclésias tique de toutes les églises gréco-russes en Finlande ont été naguère directement soumises au Saint-Synode et elle constitue depuis 1893 un diocèse séparé, etc. Ce résumé montre clairement que tout en Finlande n'est point basé sur les lois locales. Sans compter que la Finlande n'a pas de représentation extérieure, qu'elle n'a pas son propre droit au respect et à l'honneur entre nations, ce qui est la prérogative inaliénable de tout pays qui prétend à une situation d'État. La Finlande a sa propre législation, mais celle-ci n'a pas un caractère assez indépendant pour exclure toute possibilité de lois élaborées en dehors de ses propres institutions. La liste des décrets de lois, rédigés pour la Finlande dans les sphères du Gouvernement à Pétersbourg et qui ont passé par le Conseil d'État et le Comité des ministres est très considérable (1).

(1) Voici quelques-unes de ces lois :

Le 18 décembre 1826, ont été édictés les articles de lois concernant les crimes commis par les habitants des provinces russes en Finlande et *vice-versa*. (2ᵉ Recueil compl. des Lois, 1826, n° 210).

De la prévention par l'héritage des biens. (Rec. compl. des Lois, n°13841).

De la perception des impôts, des bateaux russes et finlandais dans les ports de Suède et de Norwège (1840, n° 13940).

La table des rangs et l'acquisition des droits en Finlande par le service civil, droits donnés aux rangs russes (1842, n° 15194).

De l'ordre de la prévention des biens meubles, laissés par des personnes établies dans l'Empire, mais habitant la Finlande temporairement et *vice-versa* (1843, n° 16717).

De la solde du Directeur de la chancellerie du secrétaire d'Etat (1844, n° 17768).

De l'introduction des enveloppes timbrées pour correspondance privée (1848, n° 21927).

Tout cela, pris dans son ensemble, montre encore une fois que la Finlande, aux conditions indiquées, ne peut être reconnue comme Etat. Et en vérité, ni dans les actes officiels du gouvernement russe. ni dans les décrets du Grand-Duché, elle n'a jamais été appelée Etat. Quand l'Empereur Alexandre 1er parlait de la Pologne, il la nommait royaume : « J'ai créé ce royaume. La partie civile de ce royaume... » (1) Par rapport à la Finlande, il ne le faisait pas : il la nommait toujours province, contrée, pays, mais jamais Etat. Dans le rescrit circulaire, par exemple, du 7 septembre 1809 aux gouverneurs militaires de la Russie il était dit : ayant annexé à l'Empire la « province »... (2) Dans l'oukase de la commission pour les affaires finlandaises la Finlande est nommée de nouveau « pays »... (3) Le 13 septembre 1809, l'Empereur Alexandre écrivait à l'amiral Cronstedt sur l'intégrité et la sécurité de ces « provinces ». Le sort de cette contrée, ajoutait-il, est finalement désigné. Dans le rapport à l'Empereur du 19 août 1811 le gouverneur général Steinheil rapportait sur les « *provinces finlandaises* » confiées à son Administration. — Sprengtporten et Mannerheim, sans hésiter, nommaient la Finlande « province ». Ainsi agissait aussi le comte G. Armfeld et autres (4).

Dans les précis élémentaires d'histoire et de géographie, la Finlande n'a non plus été appelée « Etat ». Jusqu'aux années soixante, même dans les manuels juridiques de la contrée,

De l'ordre des attestations des actes authentiques conclus en Finlande et mis en action dans l'Empire et *nice-versa*. (1852, n° 26441).

De l'ordre de l'action du recensement des Russes en Finlande (1858, n° 25954).

De l'ordre des rapports entre les institutions judiciaires et les fonctionnaires de l'Empire et les institutions judiciaires, en Finlande (1867, n° 45213).

Des rapports de commerce entre l'Empire et le Grand-Duché de Finlande. (1855, n° 2987).

De la réforme des administrations locales de la poste et du télégraphe (1885 N°. 2989.

(1) *Dictionnaire biographique russe*, 346-347 et autres.

(2) *Recueil de l'institut archéologique*, 1879, liv. II.

(3) *Recueil. Yakubow.* Des affaires de base de la Finlande, page 273.

(4) Ordinc. *Messager Russe* 1888, V. 123.

la Finlande à été comptée parmi les « *provinces* » russes (1). Les membres de l'Assemblée, à Borgo, écrivaient : « Si la Finlande seule adoptait maintenant une autre unité monétaire que celle qui a été généralement adoptée, et que *les autres provinces* ont, alors... » (2).

On peut indiquer ensuite beaucoup de traités avec les puissances étrangères, dans lesquels la Finlande, (parfois avec le Grand-Duché de Courlande), est nommée soit province, soit région (3). Dans les documents officiels des administrations locales finlandaises (sans compter les projets des différentes commissions et celui du Sénat au sujet de la codification des lois fondamentales) c'est apparemment pour la première fois que dans la déclaration de la Diète extraordinaire de 1899 la Finlande est nommée Etat. Dans les publications privées récentes on a commencé de pratiquer grandement cet usage, ces dernières années.

Dans la langue suédoise il y a le mot « Stat », lequel désigne le sens d' « Etat, » de « fiscal » ou « propre au gouvernement ». Dans les publications privées de ces derniers temps ce mot est toujours employé dans le sens d' « Etat » ou « appartenant à l'Etat ». C'est ainsi que l'on entendit parler d'hommes d'Etat finlandais, de personnes, de banque, d'archives, d'écoles, appartenant à l' « Etat » finlandais, etc.

Dans les publications officielles (4), on parle également d' « archives de l'Etat » : (5) et en d'autres occasions du « territoire de l'Etat », de la « caisse de l'Etat » etc. Mais en même temps les chemins de fer de la Finlande se nomment

(1) Voir par exemple les ouvrages élémentaires de Palmen et Lundal. L'écrivain Vastren qui élaborait l'histoire de la Diète à Borgo et la période d'annexion, appelle la Finlande province. Voir son Skildringar, page 172. Voir comte G. M. Armfeld. *Annales Russes*, juillet 1896, 139.

(2) Protocoles de la chancellerie de la Noblesse 1ʳᵉ partie 145-147, (143-247, 277-288) en langue suédoise.

(3) Voir par exemple le *Recueil des Registres du Grand Duché de Finlande*, Liv. VI, p. 255 (en suédois) Liv. I, 1631, 164 ; Liv. II p. 253, 13 mars 1819, 9 octobre 1827, etc.

(4) *La Finlande au XIXᵉ siècle*, p. 197, 218, 242, et autres.)

(5) *Règlement du Grand Duché de Finlande* 1896 (Nº 21).

« gouvernementaux » et non « chemins de fer de l'Etat »,
comme les archives ou la banque ; cela vient de ce que la dénomination russe des chemins de fer a été établie avant l'apparition de la connaissance de l'Etat finlandais.

Avec tout ce qui a été dit jusqu'à présent, il reste cependant indubitable, que l'Empereur Alexandre Ier, dans ses discours adressés au peuple finnois et dans quelques actes signés
par lui, de sa propre main, employait l'expression : « Votre
constitution », « vos lois fondamentales », « la constitution du
pays » etc. Il est nécessaire par conséquent d'examiner ce que
l'Empereur lui-même, à la suite des circonstances passagères,
pouvait comprendre sous de tels mots, et comment en général on comprenait chez nous et en Occident et surtout parmi
les plus proches collaborateurs d'Alexandre Ier la signification
de « constitution ».

Comme tout dans la politique dépend avant tout de la personnalité de l'Empereur lui-même et comme le rôle le plus
important appartenait à cette personnalité, il est nécessaire
d'établir un peu le caractère distinctif d'Alexandre Ier.

XVI

LES VUES LIBÉRALES D'ALEXANDRE Ier

Il n'y a pas de doute que l'Empereur Alexandre-Pawlowitch dans les premières années de son règne ne fût partisan du gouvernement constitutionnel, et que la pensée de l'introduction de réformes politiques à l'instar de celles de l'Europe n'entrât en son programme. Laharpe auquel, selon les propres paroles de l'Empereur, il était redevable de tout ce qu'il savait et des règles qui guidaient son esprit et son cœur, (ce Laharpe était un suisse, élève de l'école de Voltaire, de Rousseau et de Diderot, un parfait idéaliste et un théoricien connaissant plus les livres que les hommes) Laharpe ne connaissait nullement la Russie et par conséquent ne comprenait ni notre peuple, ni notre histoire. Laharpe et Catherine II en élevant le fils aîné de Paul Ier ont oublié que la science la plus importante pour les rois est de connaître le caractère de leur peuple et les avantages de leur pays. Laharpe développait dans son élève le « libéralisme abstrait », qui a donné naissance à nombre de projets et de points de vue irréalisables (1).

Laharpe, suivant la juste expression de Ph. Wigel, était

(1) Il faut se rappeler que les utopies en général étaient alors à la mode Dans les mœurs et la société dominait une sorte de sentimentalité philosophique. Cette tendance de l'époque influa évidemment sur l'esprit impressionnable d'Alexandre Ier. Comp. P. Wiasemski, VIII, 204).

imbu de principes républicains et faisait voir sa « République de poche » comme modèle au futur autocrate; Laharpe n'élevait pas un Tzar Autocrate mais un cosmopolite humanitaire.

Les fruits de cette éducation se sont montrés bien vite. Déjà en 1797, l'Empereur Alexandre Ier écrivait à Laharpe: « Quand viendra mon tour, il faudra tâcher graduellement (cela se comprend de soi), de fonder une représentation du peuple, laquelle, dûment conduite, formerait une constitution libre, après quoi mon pouvoir cesserait complètement. »

Maintes fois ensuite Alexandre Ier exprimait qu'il est impossible à un seul homme de gouverner l'Etat. Plus tard, rencontrant à Paris Talleyrand, l'Empereur parlait de lui-même, comme d'un homme toujours fidèle aux idées « libérales », qu'il n'avait pas l'intention d'abandonner. A Laybach il déclara: « J'aime les administrations constitutionnelles et je pense que tout homme sensé doit les aimer. »

Il est connu aussi que le « triumvirat » ou le Comité Privé examinait les questions de la constitution, par laquelle l'Empereur croyait garantir le bien-être de la Russie. En 1809 Speransky forma un vaste projet de constitution pour l'Empire. En 1818 Novossiltzoff, sous la conduite du juriste Deschamp, élaborait une constitution pour la Russie (1). « Il est certain, écrivait Danilewsky, qu'Alexandre Pawlowitch était le premier qui eût commencé d'introduire quelque apparence de formes constitutionnelles et de limiter le pouvoir autocrate (2) ». Les administrations consultatives qui existent en Russie ont été créées par l'Empereur Alexandre Ier. En 1809 il appelait les représentants du peuple de la Finlande à la Diète de Borgo et il ouvrait et terminait lui-même leurs séances par des discours constitutionnels. En 1818, il parlait au peuple polonais à la Diète de Varsovie, « d'administrations légales, libérales », et de la restauration de cette nation par des con-

(1) *Dictionnaire bibliographique russe*, (1. 309, 356, 367). *Schilder*, *Histoire d'Alexandre Ier* (1. p. 38-40, 42, 92, 113, 118, 164, etc. II. p. 48.)
(2) *Dictionnaire bibliographique russe*, (1. p. 345, 382).

ventions solennelles, définitives. Elle fut inaugurée par la charte constitutionnelle. « L'inviolabilité de ces obligations internes et de cette loi originaire destine dès à présent la Pologne à une place digne entre les nations de l'Europe...» (1). Ainsi parlait et agissait l'Empereur, possédé par les idées de Laharpe et les illusions de sa jeunesse, ne pensant pas à l'impossibilité de réaliser les plans de son idéalisme politique.

Mais, comme on le sait, Alexandre Ier était une personnalité charmante, fort majestueuse, et en même temps très compliquée. Il est une énigme profonde, pour l'historien et le psychologue, un sphinx du XIXe siècle, non expliqué jusqu'à présent. Sa jeunesse s'est passée entre une aïeule de génie et le corps-de-garde de Gatschina, et cette circonstance a développé dans son caractère cette duplicité qui passe à travers tout son règne, se faisant sentir dans les affaires et dans les idées. Les entreprises libérales, légales, se changent chez lui, en introduction des colonies militaires, après l'exploit héroïque de l'affranchissement des peuples de la tyrannie de Napoléon, les Grecs comme des rebelles sont livrés par lui à la merci des Turcs, des parades militaires on passait au mysticisme religieux. Speransky et Laharpe ont été remplacés par Araktchejeff. Le discours de l'Empereur à Varsovie produisit dans son temps une profonde impression en Russie. A ce sujet, Danilewsky a écrit dans ses mémoires :

« Il est certain qu'il a été très curieux d'entendre de pareilles paroles sortir de la bouche de l'Autocrate, mais il faudrait savoir si ces présomptions s'accompliront. »

(1) *Schilder, Nouvelle histoire de l'Empereur Alexandre Ier* (IV. 86).

XVII

ALEXANDRE AUTOCRATE

Le même général Danilewsky, observant longuement et attentivement l'Empereur Alexandre Ier, ne s'aveuglant pas de sa jolie phrase, ni de sa jolie pose, a remarqué maintes fois que l'Empereur se souvenait toujours d'être né « Autocrate » et cette profonde reconnaissance de sa qualité monarchique ne le quitta jamais (1). En voici quelques preuves. L'Empereur a institué que le pouvoir du Sénat serait limité par l'unique pouvoir de sa Majesté Impériale; il n'y aurait pas d'autre pouvoir. Il arriva que le rapport du Ministre de la guerre, au sujet du service obligatoire de 12 ans des nobles au rang de sous-officier passa par l'Assemblée générale du Sénat et y fut confirmé ; mais ensuite, le sénateur comte Potozky critiqua ce rapport, trouvant que les droits de la noblesse, solennellement confirmés par l'Empereur comme lois inviolables, avaient été violés. La majorité des sénateurs se joignit à l'opinion du comte Potozki. Cette histoire finit cependant de telle sorte qu'on fit sentir au Sénat qu'il s'était occupé d'une affaire hors de sa compétence (2).

En 1803, Derjavine, en faisant son rapport à l'Empereur, exprimait ses propres vues. « Tu veux toujours me donner des

(1) *Dictionnaire biographique russe* (1. 355, 358 et 383).

(2) Schilder. *L'Empereur Alexandre Ier* (II. 104).

leçons ; je suis Empereur Autocrate, et telle est ma volonté »,
lui repartit l'Empereur (1).

En 1812 (le 17 mars) l'Empereur Alexandre 1er disait à de
Sanglain :

« J'ai demandé à Speransky ce qu'il pense de la guerre
imminente et si je dois y prendre part personnellement ? Il
a eu l'impertinence de me conseiller, après avoir décrit
tous les talents guerriers de Napoléon, de me démettre de
tout, de rassembler le conseil des boyards, et de lui laisser
conduire la guerre pour la patrie ! Mais que suis-je enfin ?
Un zéro peut-être ? D'après cela, j'ai la conviction que par
ses ministres il avait l'intention de miner mon autocratie,
dont je n'ai pas le droit de me démettre au détriment de
mes successeurs » (2).

Encore un exemple : par ordre de l'Empereur, Novossiltzoff
composait un projet de « constitution »... A propos de cela,
N. Tourgenieff raconte ce qui suit. Dans le chapitre du choix
des Membres de l'Assemblée générale il est dit que les députés seront choisis par les électeurs. L'Empereur s'est arrêté
à cet article et a remarqué que de cette manière les électeurs pourraient choisir n'importe qui, d'après leur avis, par
exemple, Panine. Cet article a été aussitôt changé et aux
électeurs a été réservé le seul droit de présenter trois can-
didats parmi lesquels le Gouvernement choisirait un député (3).

Si Alexandre 1er avait voulu consciencieusement faire renaître
la Pologne, a remarqué dans ses mémoires la comtesse Potozka,
il n'aurait pas confié cette besogne à son frère Constantin,
sachant que ses idées et son caractère contredisaient les
intentions libérales de l'Empereur (4).

(1) *Dict. biog. russe*, 1,174.
(2) *Annales Russes*, juillet 1899 (p. 107.) *Dans les paroles d'Alexandre 1er*,
on entend distinctement la répétition des mots de Karamsine dans sa
lettre sur l'Ancienne et la Nouvelle Russie, (p. 67).
(3). A Pypine, *Le mouvement national de la Russie, à l'époque d'Alexandre 1er* (1885, 2e Edit. page 358). Le même, pp. 401, 455.
(4). *Le messager historique*, 1897, juillet.

En 1820 l'Empereur clôtura la Diète polonaise par un discours très strict, parce que toutes les propositions du gouvernement avaient été réfutées, presque sans délibérations.

De Varsovie il alla à Tropau très désillusionné de ses tendances libérales. Metternich remarqua que l'Empereur était devenu beaucoup plus raisonnable qu'à l'époque de 1813. L'Empereur avoua qu'il avait changé « En 1820, je ne ferai absolument pas ce dont j'ai parlé en 1813 » (1).

Tout cela montre que les idées constitutionnelles n'ont pas toujours dominé chez Alexandre Pawlovitch et que le pouvoir autocrate qu'il avait de naissance trouvait en lui en maintes occasions un défenseur résolu. La science de Laharpe a eu sur lui son influence, mais ne s'est pas entièrement emparée de lui. La lutte des deux principes a fini par la victoire du principe monarchique.

(1) *Dictionnaire biographique russe*, L. 365.

XVIII

LE CARACTÈRE D'ALEXANDRE Ier.

Le témoin de ces luttes intérieures, l'homme qui était intime avec l'Empereur, le prince Adam Tchartorysky, a laissé la description suivante du sens inné de toutes les actions d'Alexandre Ier pendant l'époque que nous examinons. Il écrit : « Les grands desseins du bien-être général, les sentiments généreux, le désir de leur sacrifier son propre confort et une partie de son pouvoir, de sacrifier enfin sa puissance illimitée afin de garantir plus sûrement à l'avenir le bonheur des personnes soumises à sa volonté, tout cela occupait sincèrement *autrefois* l'Empereur ; tout cela continuait à l'occuper même maintenant ; *mais c'était un élan de la jeunesse* et non la ferme résolution d'un homme mûr. L'Empereur aimait les formes extérieures de la liberté, de la même manière que l'on est entraîné par les spectacles. Il aimait le fantôme d'un gouvernement libéral, et il s'en vantait ; mais il en poursuivait seulement les formes et l'apparence extérieure, n'admettant pas qu'elles en vinssent à la réalité ; en un mot, il aurait donné volontiers la liberté au monde entier, mais à la condition que tous fussent exclusivement soumis à sa volonté » (1). Dans ces traits, il nous semble, est contenue une appréciation assez véridique de la personnalité du grand souverain qui régna au début du siècle.

(1) Réminiscences du prince A. Tschartorysky. (En langue française) liv. I page 344. Une opinion plus franche à ce sujet se trouve dans les mémoires de la comtesse Potozka : Le gouvernement constitutionnel dans le genre de celui qui existait en Angleterre était en ce temps là la chimère d'Alexandre Ier et il jouait à la constitution, comme les enfants jouent à colin-maillard. (*Messager historique*, juillet 1897).

XIX

L'IDÉE DE « CONSTITUTION » DANS L'EUROPE OCCIDENTALE.

Revenons maintenant à l'explication de la signification des mots « Constitution » et « lois originaires ». On doit se rappeler que le mot Constitution a différents sens et comprend aussi l'organisation, l'État, l'ordre de fonction de plusieurs parties en une seule, etc.

Ainsi par exemple, on dit « Constitution d'une armée ».

De plus, Constitution veut dire : ordre administratif d'un État et désigne, en général, une organisation, un établissement ou une institution quelconque, par rapport aux différentes branches de la législation.

Enfin, d'après la terminologie qui était employée au commencement du siècle, le mot « Constitution » pouvait s'appliquer à chaque règlement, définissant les droits et l'organisation de n'importe quel établissement (on disait par exemple : « Constitutions » de l'Université) (1).

La véritable Constitution se développa à la longue en Angleterre sans attirer une sérieuse attention du reste de l'Europe. Sur le continent Européen ce sont les théories de Montesquieu en 1748, de Blackstons en 1765 et de de Lolme, qui pour la première fois ont commencé à propager les idées constitutionnelles.

D'après ce que nous savons, c'est le traité de de Lolme sur

____

(1) *Les dictionnaires français de Littré et Bescherelles.*

la Constitution de l'Angleterre qui donna aux Membres du
« Comité Privé » la première connaissance des institutions
libérales de la Grande-Bretagne. Il faut remarquer que le
droit anglais a été présenté par de Lolme, d'une manière
quelque peu inexacte, et qu'en général la Constitution
anglaise transmise par les auteurs sus-nommés a été exposée
d'une façon peu conforme à la réalité.

L'attention donnée à la Constitution anglaise grandit au fur
et à mesure que l'esprit public se réveillait; mais la conception
en a été propagée en Europe, presque exclusivement par les
écrivains français. La première Constitution en France se rapporte à l'année 1789; mais alors on ne savait rien en Europe, par
exemple, de l'existence du parlementarisme ou d'un ministère
responsable. L'administration parlementaire n'a été établie en
France que par la Charte de 1814. Pendant la période de 1813
à 1848, la France, dans ses Chartes, continuait à copier la Constitution de l'Angleterre (1).

(1) Professeur A. Esmein, *Les bases générales du droit constitutionnel,*
1898, 1.

XX

L'ALLEMAGNE.

Pour voir plus clairement de quelle marche lente le gouvernement représentatif ou constitutionnel se développa dans l'Europe occidentale, prenons l'Allemagne au commencement du XXe siècle. Les Etats séparés de la Confédération germanique étaient indépendants, et les princes régnants organisaient d'après leur propre manière de voir l'intérieur de leurs Etats. Ceux qui avaient formé le projet de l'organisation de la Confédération germanique, avaient eu en vue de donner quelques garanties aux sujets des Etats séparés, déclarant (dans l'article 13) que dans le terme d'un an serait introduit un régime représentatif dans les Etats confédérés. Mais dans l'acte définitif le terme a été annulé et les mots « doivent être », ont été remplacés par le mot « seront ». Pour éviter le mot révolutionnaire de « constitution » on employa à dessein la fameuse expression « Landständische verfassung. » On adoptait généralement alors le principe que le prince seul jouit du pouvoir souverain, qu'il a seul le droit d'inviter ses sujets à prendre part dans le gouvernement de l'Etat. L'organisation interne de chaque Etat, dépendait ainsi de la volonté personnelle du prince.

En Autriche et en Prusse existait une manière de gouverner sans aucunes Assemblées électorales. Le Grand Duc de Hesse convoqua d'abord l'Assemblée des représentants, mais en 1816 il la renvoya et gouverna ensuite seul. La plupart des princes de l'Allemagne du Nord gouvernaient avec le concours des membres de l'Assemblée générale (Landstände) mais que signifiait cette collaboration? Les Princes ne prenaient vis-à-vis de leurs sujets aucune obligation ; mais ils réunissaient l'Assemblée ordinaire des représentants du pays et demandaient, suivant l'ancienne coutume, la confirmation des impôts et la garantie des emprunts. Il n'y avait pas de contrôle réel pour l'Administration. En Saxe, par exemple, le Gouvernement refusa de communiquer aux membres de l'Assemblée les détails relatifs aux finances et défendit de publier les discussions qui avaient eu lieu aux Assemblées. Le rôle des Assemblées générales a été le plus librement posé dans le Grand-Duché de Saxe-Weimar. Les constitutions écrites ont paru principalement dans les Etats de l'Allemagne du Sud. C'est dans cet état que les choses se trouvaient jusqu'aux années vingt à peu près (1).

(1) *L'Histoire politique de l'Europe contemporaine*, de Seignobos, trad. russe 363-372, l. II.

XXI

L'IDÉE DE « CONSTITUTION » EN RUSSIE.

En Russie on s'occupait aussi de la Constitution. Alexandre Ier et les membres du Comité Privé, qui l'entouraient, ainsi Speransky et d'autres, en formant les plans de la réforme de l'« édifice difforme de l'« administration de l'Empire », portèrent leur attention sur la Constitution.

Afin de se faire une idée du sens qu'on donnait alors à la Constitution en Russie, il est utile d'étudier les projets de « Code d'organisation de l'État » et de « l'Édit d'Organisation de l'État » qui ont été écrits par les collaborateurs d'Alexandre Ier, Speransky et Novossiltzoff, et qui composaient le fonds de ce qu'on entendait alors chez nous par le mot « Constitution ». Ces deux hommes personnifiaient « les idées libérales » du temps. La vertu de toutes les réformes projetées consistait — écrivait Speransky — en ce que le Gouvernement de l'Empire fût réglé par « une loi immuable » pour donner à la Russie une existence politique dans ses affaires intérieures et pour définir dans ce but le sens des lois organiques de l'État, c'est-à-dire de tracer le plan de la « Constitution ».

Le plan fut soumis à l'Empereur en 1809. Dans le projet de Speransky on lisait : « Les lois organiques de l'État, c'est-à-dire celles qui forment le sujet du « Code d'organisation de l'État » établissent le Conseil, l'essence et la forme principales de son activité... Les lois essentielles du Conseil sont : dans l'ordre des institutions d'État le Conseil représente un corps... Toutes les lois, réglements et statuts seront proposés, dans leur esquisse primitive, à l'examen du Conseil d'État, et seront examinés par lui. Le Conseil se compose des personnes appelées dans cette institution par la confiance du Souverain...

Ce projet de Speransky contenait-il ce qu'on a coutume d'appeler aujourd'hui « Constitution ? » C'est douteux. Afin de voir dans le plan de Speransky une forme de Gouvernement représentatif, il faut l'analyser aussi minutieusement et avec autant de conjectures et de commentaires que l'a fait A. Pypine. Dans la vague dénomination de « corps », que l'on donnait au Conseil d'État, il voit une allusion à ces « États » et « Stande », lesquels, en d'autres pays désignent l'institution des corps représentatifs du pays. Dans le fait qu'on se proposait d'examiner dans le Conseil d'État les comptes rendus des ministres A. Pypine voit le désir d'établir un ministère responsable, etc. (1).

Il nous semble, que N. Tourguéneff était plus près de la vérité, en trouvant que le travail de Spéransky avait créé la « forme » seule, et non la substance. Le projet de Speransky ne limitait point, en fait, le pouvoir souverain, ne contenant rien au sujet d'un corps législatif et d'une représentation nationale. (2)

La lettre bien connue de Speransky, écrite par lui de la ville de Perm à Alexandre Ier, montre que l'Empereur désirait établir un état de choses ayant une base solide et s'adaptant à l'esprit du temps, au degré de civilisation du pays, et de s'y conformer inflexiblement. Eclairant plus loin cette pensée, Spéransky écrivait : » tout l'esprit du plan consistait à poser, au moyen des lois et des établissements, le pouvoir du gouvernement sur des bases solides et de donner par là à l'action de ce pouvoir plus de régularité, de valeur et de force véritable (3).

---

(1) PYPINE : page 138 et 139. En 1811, pendant la réforme des ministères, il a été ordonné que chaque ministre présenterait au Conseil d'État des comptes rendus annuels de son département ; mais cela ne s'est fait que pendant une année.

(2) N. SCHILDER, II, 391.

(3) SCHILDER III, 516 et 517.

Enfin, en se référant au Conseil (d'État) Speransky dit :
« Les uns voyaient dans cette institution une imitation de
l'institution française... D'autres prétendaient que le sens de
cette institution limitait le pouvoir de l'Empereur. Où donc,
et de quelle manière? N'est-ce pas par l'ordre de l'Empereur
que les affaires sont portées au Conseil? n'est-ce pas par son
unique parole?... (1).

Novossiltzoff continua le travail de Speransky. En 1818, l'Empereur confia à Novossiltzoff le soin de faire un projet de réorganisation politique de la Russie, c'est ainsi que parut le Statut
organique de l'Empire de Russie. Novossiltzoff, en introdui-
sant certains établissements libéraux, protégeait en même
temps toutes les prérogatives du pouvoir et laissait entre ses
mains tout le mécanisme représentatif ». (2)

« L'Empereur — écrivait Novossiltzoff dans un projet — est
la source unique de tous les pouvoirs de l'Empire : civil, politique, législatif et militaire. Mais la Diète d'État « coopère »
au pouvoir législatif du Souverain... L'Empereur dispose des
revenus de l'État. Les lois générales sont ordonnées par l'Empereur « avec l'aide » de la diète générale d'État... Voici la loi
fondamentale russe : que personne ne soit puni sans jugement;
que personne ne soit privé de liberté et retenu en prison sans
qu'on lui annonce son forfait et sans qu'on l'interroge pendant trois jours après son arrêt. » Dans le projet de Novossiltzoff
on lit plus loin : « Que la nation Russe ait dorénavant et pour
toujours sa « représentation nationale », qui se forme en diète
d'État (deux chambres); la première chambre, nommée supé-
rieure, forme le département du sénat, composée « par nomination » du Souverain... d'un certain nombre de sénateurs. La
seconde, chambre des députés nationaux, se forme, « par
nomination » de l'Empereur qui choisira la moitié sur le
nombre des députés que chaque chambre élective présentera
dans chaque arrondissement. « La diète générale d'État »

(1) N. Schilder III, 518.
(2) A. Pypine, page 360.

donne son opinion sur les propositions « portées par l'ordre Souverain, sur les impôts, les charges et toutes les redevances publiques ». La diète expose seulement « son opinion ». Le rapport général sur l'État de l'Empire, écrit dans le Conseil d'État, est lu dans les deux chambres réunies. Les chambres « disent leur opinion » sur le rapport donné. Le droit d'appeler, de congédier, de remettre et de prolonger les diètes... n'appartient qu'à l'Empereur seul. Les services d'État ne devraient être confiés qu'aux « sujets russes ». Cet édit devait être reconnu comme « loi fondamentale et organique de l'État »; le droit de le compléter était réservé à l'Empereur (N. Schilder, IV, 499-526).

Par ce qui a été dit, on peut déjà se représenter assez positivement comment était comprise, en général, la Constitution en Russie, au commencement du siècle.

XXII

Pour éclairer les rapports personnels à la Constitution de l'Empereur et de Speransky, il existe de précieux documents, récemment publiés pour la première fois par le professeur M. Korkounoff (1).

Speransky, comme le montre sa propre note: « *Recherches sur le système du gouvernement de l'État* », se référant aux années 1803 et 1804, était un monarchiste ardent avant qu'il fît la connaissance personnelle d'Alexandre Ier. Dans ce temps là, Speransky appelait l'état constitutionnel « véritablement monarchique. » « L'empereur, écrivait-il, qui réunit dans sa personne tout genre de pouvoir, est le seul législateur, juge et exécuteur de ses lois ; c'est en quoi consiste, à première vue, toute la constitution de cet État. »

Après avoir examiné de quelle manière on peut commencer à perfectionner le système de gouvernement, Speransky écrit: « Ainsi, la question du perfectionnement de la présente administration consiste en ceci : De quelle manière faut-il former le genre d'administration, qui aurait les qualités suivantes :

1° Il doit être tout disposé à la présente « Constitution souveraine », sans aucune séparation du pouvoir législatif du pouvoir exécutif.

(1) *Le Messager du Droit*. (oct. 1899).

2° Il doit conserver et fortifier l'opinion de la nation *laquelle limite ce pouvoir, non dans sa substance, mais dans les formes de ses actions.*

Après avoir projeté un Sénat législatif et un Sénat exécutif et après avoir décrit leur « structure et organisation », Speransky continue : *Dans leur substance, ils ne sont que ses (de l'Empereur) instruments immédiats et* n'ont pas leur propre pouvoir. Cependant, par leur *importance extérieure* et leur structure, ils confirment l'opinion dans le peuple, le rapprochent des idées monarchiques, et mettent la Russie au même rang que les autres États monarchiques, *n'ôtant rien* au pouvoir souverain, qui lui est nécessaire. L'empereur bien intentionné ne trouvera certes pas dans ces institutions d'entraves pour l'exécution de ses intentions. Mais le Souverain qui voudrait abuser de son pouvoir illimité trouverait une ferme barrière à ses violences sinon dans ses règles, du moins dans l'opinion, dans les convictions et dans les habitudes nationales... Ce genre d'administration se rapproche du genre monarchique, autant que *la Constitution de la Russie* le permet, sans occasionner de grandes crises....

Par conséquent, il est clair que Speransky, jusqu'à 1806, était un adhérent du pouvoir souverain. En exécutant la volonté de son *Souverain* en 1809, il forma le projet du Code d'organisation de l'Etat, ou de la Constitution pour la Russie; mais dans ce projet comme nous avons vu, tout, en ce pays, aboutissait à l'établissement de la forme et non à la limitation du pouvoir.

Sur les vues propres de l'Empereur Alexandre Ier, touchant la Constitution, on possède un « Dialogue », où l'on cite ses pensées « *au sujet de l'esprit et de la maturité des réformes politiques en Russie* ». Ce « Dialogue » a été écrit en collaboration avec Speransky et a été noté d'après ses propres paroles, par son ami Zeyer. Après avoir émis son opinion au sujet des trois grands systèmes politiques — système républicain, féodal et despotique, — l'Empereur fait une originale revue de l'histoire russe, y cherchant les traces des tendances de la nation à la liberté politique. Du temps d'Alexis Michailowitch la nécessité se faisait sentir de limiter le pouvoir absolu. « De là, d'après l'opinion d'Alexandre Ier, il est devenu obligatoire de se consulter avec les boyards et d'obtenir le consentement du patriarche ».

En touchant consécutivement aux règnes de Pierre le Grand, Anna Iohannowna, d'Elisabeth, de Katherine II, de Paul Ier et du commencement de son propre règne, Alexandre Pawlowitch se demande comment améliorer la situation, et il arrive à la conclusion que : l'objet général de la réforme consiste en *la création d'un gouvernement absolu sur le terrain des lois organiques.* On ne peut pas avoir un gouvernement, appuyé sur des lois organiques, tant que le pouvoir absolu sera, en même temps, le créateur et l'exécuteur de la loi; aussi est-il nécessaire d'organiser une institution pour la coopération dans la composition et l'exécution de la loi. Cet établissement doit être en conformité avec le triple ordre des pouvoirs politiques. Une institution coopérerait à la composition de la loi, l'autre à son exécution; la troisième réaliserait la justice. La première et la principale différence provient du degré de pouvoir et du caractère essentiel *des formes extérieures,* dont chaque institution sera pourvue.

Il y a une autre considération très caractéristique d'Alexandre Ier. Deux genres de réformes se présentent à la fois.

Le premier consiste dans le soulagement du pouvoir absolu par des réformes « quasi constitutionnelles, n'ôtant rien à son ample caractère de puissance ».

La seconde méthode consiste non à masquer le pouvoir absolu par des formes quasi constitutionnelles, mais de le limiter réellement par des institutions nationales qui auraient, elles, un pouvoir réel et ferme, et d'organiser le pouvoir absolu sur le terrain de la loi organique...

Si l'on choisit la première méthode, les établissements paraîtront fonctionner par la volonté de la nation, tandis qu'en réalité il n'en sera rien.

Les principaux traits de cette organisation sont les suivants: Organiser un Etat paraissant porter le pouvoir indépendant, législatif, mais en réalité se trouvant sous l'influence et la pleine dépendance du pouvoir absolu.

Le second genre de réforme devait avoir une organisation législative telle qu'elle exprimerait en réalité les vœux de la nation.

Le premier genre de réforme peut être justifié chez un peuple rebelle, inconstant, enclin aux nouveautés. Le second est plus applicable au peuple qui a plus de sens commun que de curiosité, qui a l'esprit simple et droit, en un mot, aux peuples du Nord, tel qu'est le peuple russe.

Ici, la question se présente bien simplement: laquelle de ces réformes tentait le plus l'Empereur? lequel des deux genres était-il le plus enclin à suivre? Les projets de Spéransky et de Novossiltzoff témoignent qu'il pouvait être question seulement des « formes quasi constitutionnelles », et non de la limitation réelle du pouvoir. Le Conseil d'État suivant le plan de Speransky est une institution qui a, mais non pleinement, le pouvoir législatif indépendant. Pour résoudre la question, rappelons encore la déclaration du prince Tschartorysky : « Passant des combinaisons théoriques à la pratique, nous voyons qu'Alexandre Ier a convoqué les Membres de l'Assemblée à la Diète de Borgo, mais n'a désiré apprendre d'eux que leurs opinions. Ils examinèrent différentes questions, mais l'Empereur décida seul. Les Finlandais espérèrent avoir de nouvelles Diètes, mais Alexandre Ier les leur refusa toujours. » Il est clair que la « Constitution » ne limitait pas son pouvoir et que les Membres de l'Assemblée n'étaient appelés que pour coopérer à la législation.

XXIII

RÉSUMÉ GÉNÉRAL.

L'aperçu fait de la position du gouvernement représentatif à l'Occident au commencement du siècle et les aperçus des projets de réforme politique en Russie (par Speransky et Novossiltzoff) montrent que la Constitution venait alors d'être transportée d'Angleterre sur le Continent de l'Europe, et était alors comprise tout autrement qu'aujourd'hui. Son pouvoir obligatoire pour le chef d'Etat, n'avait pas encore pénétré l'esprit général, même en Allemagne. Seulement vers les années trente, c'est-à-dire après la mort d'Alexandre Ier, la constitution acquit la signification positive d'une institution d'Etat, qui fixait les rapports du pouvoir souverain avec les sujets dans l'administration et la législation. Les projets de Speransky et de Novossiltzoff n'étaient pas des chartes constitutionnelles qui limitaient le pouvoir souverain et qui introduisaient la représentation nationale dans sa propre signification. Dans ces projets on voyait l'essai de créer une sorte de mélange des Assemblées locales (zemskie) de la Russie avec les Diètes polonaises. Sous le nom de « lois organiques » on ne comprenait pas exclusivement le règlement des bases de l'organisation constitutionnelle de l'Etat ou des lois provenant de la convention du souverain avec le peuple. On comprenait alors la Constitution, en Russie, non comme gouvernement formel représentatif, et dans le sens des lois organiques obligatoires pour le chef d'Etat, c'est-à-dire, dans le sens de l'ordre fondé sur la loi, ou simplement d'un gouvernement légal. Il est vrai que Speransky donnait la même signification au mot « Constitution », qu'aux lois organiques, mais quand il les eut formulées plus définitivement, il s'en suivit que les lois organiques devaient établir les droits et les devoirs du Conseil d'Etat ; mais ce Conseil, d'après les propres paroles de Speransky, ne limitait pas le pouvoir de l'Empereur, c'est-à-dire, ces lois, selon la conception qui dominait alors, ne contenaient pas ce qu'on y cherche maintenant, car elles n'établissaient pas la représentation nationale. « La loi organique », est une loi « irrévocable », contenant des « principes fermes », et sous ce rapport, cette loi ressemblait aux lois organiques de la Suède, que l'on devait garder éternellement et qui apparaissent par conséquent comme inébranlables, sacrées, immuables. « Une loi organique c'est, par exemple (selon la citation que nous avons faite des paroles de Novossiltzoff) que : personne ne peut être puni sans avoir été jugé ». Dans les questions relatives « à l'esprit et à la maturité des réformes politiques en Russie, » au nombre des lois organiques furent portés les règlements concernant le droit d'achat des terres, pour toutes les classes libres, la formation de la classe des libres-cultivateurs, des ministères responsables et les statuts provinciaux de la Finlande, limitant les impôts des paysans (1).

Alexandre Ier désignait aussi par le mot : « loi organique », les droits de la noblesse de Russie, et d'autres. Sous Alexandre Ier, les libéraux ne pensaient pas à la forme constitutionnelle proprement dite, mais seulement aux premières mesures libérales, à la première excitation de l'activité publique (2). Les projets de Speransky et de Novossiltzoff, la constitution de la Pologne, etc., tout cela était des élans de l'idéalisme et de la politique idyllique du jeune Empereur qui ne connaissait pas encore suffisamment le monde réel.

Quelle signification vague on donnait en ce temps-là au

(1) *Le Messager du Droit*. (Oct. 1899), p. 34.
(2) *A Pypine* (p. 230).

mot « Constitution », on peut le voir, par exemple, dans la lettre de Speransky à de Geer, dans le manifeste du 9 février 1816, au sujet du changement de nom du Conseil finlandais en Sénat et dans d'autres documents historiques.

Nous lisons dans le premier de ces documents · « Quoiqu'il y soit encore question des objets dont le règlement a une grande importance pour le [bien du pays et surtout pour l'affirmation de sa « constitution, mais... ». Dans le manifeste il est dit : « Etant convaincu que la Constitution et les lois appliquées aux usages, à l'éducation et à l'esprit de la nation finlandaise, et qui depuis des temps reculés ont mis une base à « sa liberté civiie » et à « son organisation... » « La promesse que nous avons donnée de conserver pieusement la *Constitution particulière* de la contrée,.. » (1).

Dans l'organisation de l'Administration centrale de la nouvelle Finlande, confirmée le 19 novembre 1808, il était dit (dans le § 10) : quand aura lieu la réforme de l'armée finlandaise, « d'après son *ancienne constitution...* » (2).

Les Statuts de l'Université d'Abo étaient aussi appelés jusqu'en 1828 « Constitutions ». On nommait aussi « Constitutions » les résolutions des Diètes de Pologne (3).

Le nouveau mot à la mode, comme on voit, s'est acquis une popularité, est devenu courant, mais son sens précis n'a pas eu encore le temps de s'établir et de se cristalliser formellement. A l'avènement au trône de *l'Empereur Alexandre II* on trouva que le mot « Constitution » n'était pas à sa place dans le manifeste au sujet de privilèges finlandais et pour cette raison il fut remplacé par le mot « Organisation », qui était plus approprié. Depuis ce jour-là dans les promesses de sauvegarder à la Finlande sa religion, ses lois organiques, ses droits et privilèges, le mot « Constitution » n'est plus employé (4).

(1) *Recueil Yakouboff*, 1899, (301-302).
(2) *Correspondance officielle G. M. Sprengtporten.* Édition Koskinen (Helsingfors, 1882) page XVII.
(3) *Code des Lois.* Année 1817 (remarque) Livre X, page 1. Edit. 1887.
(4) *Recueil des Règlements du Grand-Duché de Finlande* 1855 ; 19 février 1881 N° 7 ; 1894 N° 40.

Pour ce qui regarde personnellement l'Empereur Alexandre 1er, il comprenait la Constitution de manière double et encore — comme nous l'avons déjà dit — la quasi-Constitution lui était plus agréable, la constitution « apparente » qui ne limitait pas le pouvoir, mais le régularisait seulement. Par conséquent on ne peut pas croire que les théories constitutionnelles étaient profondément enracinées dans son cœur, et de cette manière, il était facile de découvrir et de démontrer combien elles étaient superficielles; on n'a pas tardé à le voir d'ailleurs à l'opposition que les plans de réforme provoquèrent sous son règne même.

Nous répétons que l'auguste élève de Laharpe au commencement de son règne rêvait du régime constitutionnel et était sur le point de donner à la Russie un « Code d'organisation », fruit du travail de cabinet de Spéransky et de Novossiltzoff.

Mais il est remarquable, que Novossiltzoff lui-même ne croyait pas à l'effet salutaire de la Constitution. Déjà en 1813 il changeait son point de vue sur le Gouvernement représentatif et se métamorphosa de « Voltairien russe » qu'il avait été en homme d'État d'une conception profonde des besoins et des intérêts de la Russie. Si, malgré cela, en 1819, il rédigea « le Statut constitutionnel », il est clair qu'il ne le fit que pour obéir à l'ordre reçu. Spéransky, avant sa connaissance personnelle avec Alexandre 1er, comprenait aussi parfaitement qu'il n'y avait aucun sens d'introduire le régime constitutionnel dans le pays où le peuple était encore asservi, où il n'y avait point de liberté de presse, ni d'opinion publique (1). Mais l'Empereur trouva en lui un rédacteur habile et intelligent et par cette raison il lui confia la rédaction du « Code d'Organisation ». Obéissant à la volonté du Monarque, Spéransky l'écrivit, entraîné un peu par sa « facilité de rédaction ». Par conséquent Novossiltzoff et Spéransky n'étaient que les exécuteurs de la volonté d'Alexandre 1er et par cette

(1) *Messager du Droit*, 1889, VIIIe art. N. Korkunoff.

raison ne pouvaient pas soutenir en lui l'ardeur pour le nouveau régime d'Etat et consolider ses « illusions ». Il faut ajouter que l'Empereur ne connaissait Spéransky que depuis l'année 1806, et en 1812 il fut déjà banni.

Et pendant ce temps l'opposition croissait, trouvant assez de matière pour critiquer plusieurs projets formés sous le règne d'Alexandre 1er.

XXIV

L'OPPOSITION.

Sous l'influence des idées constitutionnelles et cosmopolites, Alexandre Ier, comme on le sait, consentit à peine à l'annexion de la Géorgie. Le 17 septembre 1801 il signa l'Edit des privilèges Baltiques et en 1802 il créa l'Université « allemande » à Dorpat. La Pologne reçut sa constitution et prêta à l'Empereur Alexandre l'occasion de « prouver à la patrie, ce qu'il lui préparait depuis longtemps (1). » En Bessarabie on fut sur le point d'établir un domaine constitutionnel pour Stourdza et pour le Comte Oguinski on avait en perspective le Grand-Duché de Lithuanie.

Il est clair qu'avec cela on perdait de vue les règles essentielles de la politique intérieure, qui demandent au plus haut degré l'unité dans les affaires de l'Etat. « La disparité juridique et la différence dans les droits des différentes parties de l'Etat seront toujours un préjudice à la force intérieure et à son pouvoir extérieur, une source éternelle de toutes sortes de difficultés pour le gouvernement et une cause d'antagonisme mutuel et d'éloignement entre les sujets des parties de l'Etat, profitant des droits différents. Il est particulièrement préjudi-

____

(1) Le comte C. M. Armfeld, particulièrement, donnait tous ses soins au rétablissement de la Pologne, voulant, par la même occasion, consolider l'indépendance de la Finlande, afin qu'elle ne fût pas seule vis-à-vis de la monarchie du Tsar dans la question de ses droits exceptionnels (*L'Observateur*, septembre, 1896, p. 344-345).

ciable et dangereux quand la préférence à cet égard tombe du
côté des étrangers, au préjudice et pour ainsi dire à l'abaisse-
ment de la nationalité prépondérante, dont le droit civil et
politique devrait servir de norme pour tout l'Etat (1).

Les idées libérales d'Alexandre Ier ont jailli sur la Russie,
comme en large vague. Novossiltzoff (fils du mystique bien
connu), le comte Nikita Mouravieff et Pestell formulaient la
Constitution d'après différents modèles. Aux revues solennelles
de Varsovie l'Empereur apparaissait en uniforme polonais
décoré du ruban de l'Aigle Blanc, comme s'il oubliait, — écrivait la comtesse Pototzka, — qu'il régnait aussi sur une autre
nation ; il voulait nous inspirer l'amour et l'attachement pour
sa personne » (2). On s'adressait à Alexandre Ier, exclusivement
comme au roi de Pologne ; les Polonais étaient cités comme
modèles aux Russes. L'amabilité pour la Pologne allait si loin
que Constantin Pawlovitsch consentit à être pour le faubourg
de Prague le député de la ville de Varsovie au Sénat et de
cette manière l'héritier du trône de Russie paraissait être le
tribun et le défenseur des libertés nationales Polonaises (3).

Les vues cosmopolites de l'Empereur se faisaient aussi voir
dans la préférence manifestée pour les étrangers (4). Au commencement du règne, toutes les sympathies étaient portées à
l'Europe, et pour son propre peuple l'Empereur ne gardait
qu'un sentiment d'intérêt compatissant.

Un pareil ordre, une pareille direction ne pouvaient, sans
doute, être comptés comme des sentiments normaux et
désirables pour la Russie. Et comme les patriotes n'ont

(1) *Lettre du passé proche*, Goloss (1866).
(2) *Messager historique* (juillet 1879).
(3) L'évaluation de ces rapports d'Alexandre Ier à la Pologne a été
faite par l'Empereur Nicolas Ier quand il a dit : « L'Empereur Alexandre Ier a fait pour les Polonais plus que ne devait faire l'Empereur de
Russie. Il avait plus de sollicitude pour vous que pour ses propres
sujets ».
(4) Les Membres de notre corps diplomatique obligés de défendre les
intérêts de l'Empire, ne savaient pas parler russe. «En Russie, la meil-
leure chose est de ne pas être Russe », disait non sans raison le prince
A. Tschartoryski, caractérisant la manière de voir d'alors.

jamais manqué à la terre russe, il se trouva des personnes qui, avec un vrai courage civique, ont soumis à une critique sévère toutes les « innovations » de ce temps-là. Les affaires polonaises en particulier attirèrent un grand mécontentement.

Quand le bruit courut que l'Empereur avait l'intention d'annexer à la Pologne quelques provinces de l'ouest de la même manière qu'il avait annexé, en 1811, la province de Wiburg à la Finlande, en élargissant ses limites jusqu'au Dniepr, les conservateurs s'émurent autant que les modérés et les libéraux des sociétés secrètes (1). Le mécontentement et les protestations se déclarèrent cependant du premier jour, dès qu'on apprit les vues des membres du « Comité privé ». Les plans des nouveaux réformateurs furent soumis à une critique impitoyable.

Au sujet d'un de ces projet, le prince Besborodko écrivait alors : « La Russie doit être un état autocrate ; le moindre affaiblissement de l'autocratie conduirait à arracher d'elle beaucoup de provinces, à l'affaiblissement de l'Etat et aux détresses nationales sans nombre ».

Plus définitivement encore se prononça le prince S. R. Woronzoff, dans sa lettre à Rostopchine: « Alexandre Ier a le malheur d'être entouré de personnes pleines d'égoïsme et de vanité. Ces gens ont commencé à travailler la pauvre Russie par des institutions qui naissaient chaque jour ; ces gens étaient de véritables machines pour la fabrication des institutions.... Leurs oukazes sortaient les utopies de leur imagination et de leurs lectures indigestes....»

Et en effet ils faisaient souvent le second pas, n'ayant pas encore fini le premier. Une attention particulière est due à la circonstance qu'au nombre de ceux qui refroidissaient l'attachement de l'Empereur envers les institutions constitutionnelles, était Laharpe lui-même. Cette circonstance impor-

---

(1) A. Pypine (p. 381) n *Dict. biog. russe* (I. 358). A. Novossiltsoff en 1819 l'Empereur confia le soin de rédiger un *mémoire sur l'union de la Lithuanie avec la Pologne*. (v. *Annales russes*. 1882.

tante est généralement ignorée par ceux qui ont étudié le règne d'Alexandre Ier. Il est arrivé à Laharpe, après avoir fini l'éducation de son impérial élève, de se fixer de nouveau en Suisse et de prendre une part directe aux affaires de l'administration de la République ; c'est là que Laharpe comprit toute la chimère de la liberté de l'Assemblée générale et renonça à beaucoup de ses arguments théoriques. En 1801, arrivé pour la seconde fois en Russie, il vit que le plus grand bien résidait dans une sage souveraineté, et dès lors ses conseils ne visèrent qu'à un seul principe essentiel — au pouvoir ferme et immuable. Il éleva même sa voix contre l'extension du pouvoir du Sénat.

Au nombre des instituteurs d'Alexandre se trouvait Protasoff, qui ne partagea jamais les systèmes de Laharpe et considérait son esprit de liberté comme dangereux et nuisible pour le Grand-Duc (1).

(1) *Dictionnaire bibliographique russe*, 1, 146.

XXV

KARAMSINE.

Mais le principal contradicteur de Speransky et de l'Empereur était N. M. Karamsine.

En 1811 (15 mars) il réussit à transmettre à Alexandre Ier son mémoire sur « l'ancienne et la nouvelle Russie » où il est dit, entre autres, au sujet des plans constitutionnels, ce qui suit : « A qui donnerons-nous le droit de sauvegarder l'inviolabilité de cette loi ? Au Sénat ? Au Conseil ? Quels seront les membres de ces institutions ? Elus par l'Empereur ou par l'Etat ? Dans le premier cas, ce seront des personnes complaisantes au Tzar ; dans le second — ils entreront en lutte avec lui au sujet du pouvoir ; je vois l'aristocratie et non la monarchie. Ensuite, que feront les sénateurs quand le Monarque violera la charte ? Est-ce qu'ils le rapporteront à *Sa Majesté* ? Et au cas où il se moquerait dix fois d'eux, le déclareront-ils criminel ? Ameuteront-ils le peuple ? Tout bon cœur russe tremble à cette pensée. Deux pouvoirs d'Etat dans un seul empire sont deux lions terribles dans une seule cage, prêts à se dévorer : le droit sans pouvoir n'est rien. L'autocratie, prouvait Karamsine, est nécessaire a l'unité d'un grand empire, formé d'éléments divers.

« Sire ! Vous outrepassez les limites de Votre pouvoir. Enseignée par de longs malheurs, la Russie, devant l'autel sacré, a confié l'autocratie à Votre ancêtre et demandait qu'on la gouvernât souverainement, sans partage. Ce précepte est la base de

Votre pouvoir; Vous n'en avez pas d'autre, Vous pouvez tout, mais Vous ne pouvez pas le limiter juridiquement... » Ayant appris l'intention de l'Empereur de rétablir la Pologne (17 oct. 1819), Karamsine écrivit « *L'opinion d'un citoyen russe* », qu'il présenta aussitôt à Alexandre Ier à Tzarskoé-Selo (1).

« Dieu Vous a donné l'Empire et en même temps le devoir de Vous occuper exclusivement de son bien-être... Aimez les hommes, mais plus encore les Russes, parce qu'ils sont en même temps hommes et Vos sujets, enfants de Votre cœur. Les Polonais aujourd'hui obéissent aussi à Alexandre ; mais Alexandre les a pris grâce à la force Russe, tandis que c'est Dieu qui Lui a donné les Russes... Vous pensez rétablir l'ancien royaume de Pologne, mais est-ce que ce rétablisement est conforme aux lois du bien-être de la Russie ?

« Pouvez-Vous, en bonne conscience, nous ôter la Russie-Blanche, la Lythuanie, la Wolhynie, la Podolie, qui ont été confirmées comme possessions de la Russie dès avant Votre règne ? Est-ce que les Empereurs ne donnent pas le serment de sauvegarder l'intégrité de leurs empires ? Ces terres appartenaient déjà à la Russie, quand le métropolitain Platon Vous a couronné.

« S'il faut rétablir la Pologne, — raisonnait ce courageux citoyen — il faudra rétablir le royaume de Kazan et d'Astrakan, la république de Novgorod, le Grand-Duché de Riazan, etc. Jusqu'à présent, notre principe d'Etat était : pas un empan ni à notre ennemi, ni à notre ami... Vous, aimant la liberté civile, légale, compareriez-Vous la Russie à une propriété sans âme, privée de parole ? Non, Sire, jamais. Les Polonais ne nous seront jamais des frères dévoués, ni de véritables alliés. Maintenant ils sont faibles et insignifiants ; les faibles n'aiment pas les forts, et les forts méprisent les faibles... Dans les affaires d'Etat, le sentiment et la reconnaissance se taisent, et l'indépendance est la loi principale des sociétés civiles. Que le

_____

(1) *Œuvres inédites et correspondance de M. N. Karamsine*, 1re parti, 1862, pages 3-8.

royaume de Pologne existe et même prospère, comme il est maintenant. mais que la Russie existe et prospère aussi comme elle est... »

Les réfutations de Karamsine furent reconnues à cette époque d'un très grand poids. Il y a donc une raison de supposer que ses idées qui ont pris corps dans sa lettre et dans son Mémoire : « Opinion du citoyen russe », ont pousser l'Empereur à changer ses précédentes considérations ; en tout cas, elles y ont aidé dans une forte mesure (1).

La supposition est d'autant plus vraisemblable, que Karamsine n'était pas le seul à penser ainsi. Le directeur du Lycée de Tzarskoe-Sélo, E. A. Engelhardt lui présenta un mémoire pareil (2). Dans la littérature, d'autres encore s'avançaient, quoique auteurs moins connus, s'exprimant chaudement contre l'introduction des établissements constitutionnels. Un écrivain inconnu a franchement déclaré : il nous faut un autre Pierre avec toute son autocratie, et non un Guillaume III et un Louis XIII avec leurs Constitutions (3).

Un grand nombre de voix se sont élevées contre la donation d'une constitution à la Pologne. Le président du Conseil suprême temporaire, W. S. Lanskoy, présenta en 1819 à l'Empereur un mémoire où il se prononçait contre la création d'un royaume de Pologne constitutionnel et autonome. Le Tzarewitch Constantin Pawlowitch ne partageait pas non plus les plans de l'établissement constitutionnel de la Pologne. Encore avant eux, Novossiltzoff, en 1813 (puis en 1814), avait présenté, par l'entremise d'Araktchjéeff, un mémoire sur l'organisation du Grand-Duché de Varsovie, où il trouvait la Constitution parfaitement déplacée (4).

Zaïontcheck même se prononça aussi, en 1820, contre les libertés constitutionnelles. Au nombre des généraux russes qui

(1) A. Pypine, page 230. 248-250, *Dictionnaire russe biographique*, livre, 240.
(2) A. Pypine, page 401.
(3) A. Pypine, page 466
(4) A. Sidoroff. *Les Russes à Varsovie*, 1899, édit. I, page 8 et 55.

se trouvaient à Varsovie à l'ouverture de la Diète (1818), était
aussi I. F. Paskewitch ; il jugea le discours de « l'Empereur,
offensant pour l'amour-propre russe ». « A Varsovie, il n'y avait
pas pour ainsi dire de Russes, nous disparaissions tous..., pour
plaire aux Polonais, on nous négligeait partout, les Polonais
étaient au premier rang... Une pareille situation n'était pas
naturelle et ne pouvait durer longtemps (1) ». « Le discours de
l'Empereur à la Diète — écrivait Zakrevsky à P. D. Kiseleff
— est superbe, mais les suites pour la Russie en pourront être
affreuses... » (2).

(1) N. Schilder, IV. 94-95. A une des revues (où généralement l'armée
polonaise etait vantée) — continuait Paskctwitch — je m'approche du
comte Miloradowitch et du comte Ostermann et je leur demande « Qu'en
adviendra-t-il ? » Le comte Ostermann répondit : « Voici ce qui en ad-
viendra : dans dix ans, toi avec ta division, tu les prendras d'assaut ».
Il se trompait seulement de trois ans. (M. Schilder IV, 95).

(2) N. Schilder, page 95. Le comte G. M. Armfeldt a prédit que les réformes libérales, entreprises par Alexandre Ier sont des pronostics de la
ruine du colosse. (Observateur 1996, XI, 96. (Aboff).

XXV

F. WIGEL.

Rappelons-nous encore les paroles de F. Wigel, inscrites
dans son journal, à la nouvelle de l'annexion de la province de
Wibourg à la Finlande suédoise. Ces paroles, par leur esprit, ressemblent au discours patriotique de Karamsine, cité
plus haut. « Quel droit avez-Vous, Sire — pourrait-on lui
dire —, sans bataille, sans aucune raison visible, non pour le
salut de l'Etat entier, mais par Votre seul arbitraire, d'arracher
à la Russie des provinces qui ont été acquises par Vos ancêtres
et par leurs sujets et non par Vous ? Trouvez dans l'histoire
l'exemple d'une action aussi injuste... » Quoi qu'on en dise,
la conquête de la Finlande est la gloire et non un crime
d'Alexandre Ier ; cependant on ne peut pas taire que ce qu'il a
fait pour elle plus tard, peut se nommer trahison... première
trahison à la Russie !... (1).

Certainement toutes ces voix n'allaient pas jusqu'à l'Empereur, mais elles témoignent des considérations auxquelles on
tenait alors et de la disposition des esprits avec laquelle il
fallait compter. Le sentiment général ne pouvait rester inconnu
à Alexandre Ier et ne pas produire sur lui son effet. Après
1818 Laharpe ne reçut plus de lettres de son élève.

(1) *Archive russe* 1892, v. *Réminiscences* (2ᵉ édit.) III, 66.

Le même destin atteignit Parrot (1). Speransky fut banni. « Le Comité privé » fut dissous. Des sociétés secrètes s'organisèrent. Une réaction se fit; la cause principale en était certainement dans le caractère personnel de l'Empereur. Il hésitait et puis il trahissait les principes de sa jeunesse, en se refroidissant à l'égard des institutions libérales, se désenchantant de « l'Européanisme ». La fin de son règne, comme on le sait, ne ressembla pas au commencement.

(1) *Dictionnaire biographique Russe*, 1, 373.

XXVII

LA FINLANDE A CONSERVÉ SON GOUVERNEMENT INTÉRIEUR.

Quels que soient les changements qui ont eu lieu dans les considérations de l'Empereur et ses hésitations dans ses actions, quand on a devant soi la somme des faits cités ici et l'intention d'arriver à une conclusion au sujet de la Finlande, on tient une ferme base pour constater que l'Empereur Alexandre Ier, en parlant de sauvegarder des droits et privilèges de la contrée, comprenait l'ordre que les siècles avaient apporté à ce pays, le genre de vie propre à la nation Finlandaise, tout l'ensemble des particularités de la Finlande, par lesquelles elle se distingue nettement de la Russie, etc. Tout cela, l'Empereur voulait le garder au peuple vaincu, ainsi que les lois organiques propres à ce pays, comme il était dit dans l'Oukaze a la Commission des Affaires Finlandaises du 18 octobre 1809. Les lois devaient être laissées (à en juger par le texte du Serment prêté par les États, assemblés à Borgo), « dans le même état où elles existent et fonctionnent actuellement. » Sur le territoire Finlandais les « Lois fondamentales » ne pouvaient certainement pas fonctionner et être appliquées dans toute leur étendue, parce que la Finlande ne représentait pas, en elle, quelque chose d'intégral et d'indépendant. Elle était *une partie* de l'État de Suède, et pour cette raison, les lois fondamentales de la Suède en général n'en faisaient pas une mention séparée. La Finlande

n'avait pas son Conseil d'État, sa Cour, ses attributs d'État ;
elle ne connaissait pas les questions de guerre, de paix,
ni d'alliance avec les États étrangers ; *elle n'avait pas sa monnaie à elle, sa propre armée, sa flotte*, etc. Il est évident, par
conséquent, que les lois fondamentales fonctionnaient en elle
seulement partiellement et non dans leur plénitude. Par cette
circonstance s'explique le fait que l'Édit du 15 mars 1809 ne
contient pas la mention des lois de 1772 et 1789, et que Rebinder, Tengstroem, de Gucer et Sprengtporten ont rayé les
références dans le serment des députés, dans le Règlement du
Conseil et dans d'autres actes. De propres lois organiques la
Finlande n'en avait pas ; elle n'y prenait part en tout que
comme une partie de la Suède. Les Finnois envoyaient leurs
représentants aux Riksdags, quand on les convoquait, mais
n'avaient pas leurs propres Riksdags, et les Monarques Russes
ne le leur ont pas accordé. On leur donna le Landtag, c'est-à-
dire la Diète ou Assemblée locale, mais non l'Assemblée des
délégués de l'État (1).

Les Diètes locales avaient existé en Suède, dans ses provinces,
mais vers le commencement du XVIIe siècle elles auraient dis-
paru. Les pleins pouvoirs du Riksdag n'ont jamais été, par
n'importe quelle loi, transférés à la Diète de Finlande. A
la Diète de Borgo, faute d'autres règles, on se guidait partiellement par les Règlements de la Diète de Suède (1617)
et conjointement à elle on avait établi l'ordre intérieur de
cette Assemblée des représentants de la contrée ; mais il ne
s'ensuit pas encore que le Règlement antérieur de la Diète suédoise ait gardé sa force en Finlande après 1809. Mieux que
personne les Finlandais eux-mêmes comprenaient cette vérité.
Quand, en 1863, il fut nécessaire de faire convoquer la Diète
à Helsingfors, ils ne se décidèrent pas à se conduire d'après

---

(1) L'idée de la Diète, au temps de l'annexion de la Finlande, était,
chez tout le monde obscur et indéfinie ; les uns supposaient que la Diète
de Borgo serait appelée seulement pour prêter serment ; les autres —
pour résoudre quelques questions. L'Empereur hésitait : parfois, il désirait la Diète, parfois il la remettait.

la loi de la Suède, mais ils composèrent leur « Aperçu des ordonnances fonctionnant et des coutumes adoptées, qui sont appliquées à l'ordre dans les Diètes du Grand-Duché de Finlande (1). » De cette manière, il est clair que les Finlandais ne s'approprièrent pas le Règlement de la Diète suédoise et ne donnèrent pas à leurs représentants les droits qui avaient appartenu au Riksdag suédois.

Tout cela démontre, de plus en plus, que la Finlande n'a pas reçu de Droits d'État.

Elle a gardé le droit ancien de ses classes sociales, sa religion, ses anciens droits de propriété, sa cour de justice, la division administrative de la contrée, tout son précédent état de gouvernement et d'ordre ; elle a obtenu sa banque ; elle a conservé son système de service militaire, en un mot, il lui a été donné d'amples droits, mais ce n'était que des droits de province. On peut laisser à une province ses lois, son administration, sa langue dans leur intégrité, mais, il y a loin encore aux droits et aux formes d'État. Même tout un élément national complet ne donne pas encore le droit de supposer ou de demander l'indépendance d'État, comme le remarque justement Samarine (tome I). Au pays conquis on pouvait laisser une ample « autonomie locale » ; mais on ne pouvait admettre son entière séparation du pays comme pour un État à part, avec ses sujets particuliers et son territoire à part. Aussi le conquérant de la Finlande ne l'a pas admis, mettant la Finlande à la place qui lui convenait « au milieu des nations soumises au sceptre de la Russie, et formant l'Empire unique », comme il est dit dans le Manifeste de 1808, c'est-à-dire qu'au point de vue de l'État, les Finlandais n'étaient jamais séparés du reste de la population de la Russie.

L'existence du Sénat de Finlande n'est non plus une preuve

(1) *Ordonnance du Grand-Duché de la Finlande* 1863, N° 13. Ce curieux document, qui est entré dans le *Recueil des Ordonnances*, est signé seulement par un seul Sénatéur, Snellmann, et tout de même, cet « Aperçu » du 1863 a remplacé *Les Status de la Diète de la Suède* de 1617 qui, dans son temps, ont été édités avec la participation du Riksdag et non par l'Ordre administratif.

de son indépendance politique. Quand le projet du Sénat (ou Conseil du Gouvernement) fut transmis à la conclusion de la Diète de Borgo, Speransky écrivait que l'Empereur avait approuvé le plan de l'administration générale « de la Finlande ». Plus tard, en 1811, ce même Speransky informa le gouverneur-général de la Finlande que le Conseil (Sénat) était organisé non par droit de constitution, mais par le seul agrément du gouvernement. (1). Rappelons-nous encore le manifeste du 9 février 1816, auquel les Finlandais se réfèrent si souvent et si volontiers, En changeant le nom de Conseil en Sénat l'Empereur écrivait: « Etant arrivé à atteindre maintenant... la possibilité de Nous vouer sans entraves des sollicitudes extérieures aux occupations *d'administration des affaires intérieures de Notre État*, et, entre autres, à celles qui se rapportent particulièrement à la Finlande, Nous trouvons que pour manifester mieux Nos intentions relativement au *gouvernement local du pays*, il est nécessaire de donner au principal ministère de la Finlande le titre de Sénat finlandais ! »

Cela dit, l'on comprendra facilement la déclaration du baron Mannerheim — contemporain de l'annexion de la Finlande — que l'objet principal de la Diète (à Borgo) était la solennelle promesse de l'Empereur de garder les lois du pays, les droits et privilèges, et aussi l'établissement d'une administration locale entièrement séparée de l'administration russe, grâce à l'organisation du Sénat (ou Conseil Administratif).

C'est en cette séparation de la Russie, par rapport à *l'Administration intérieure*, que consisterait la constitution de la Finlande, suivant l'opinion du Souverain conquérant. D'une limitation du pouvoir dans le sens des constitutions de nos jours, il n'en était guère question alors.

A cette époque le mot de Constitution n'avait pas encore, même sur le continent Européen, la signification de limitation.

Le Règlement de la Diète de Suède de 1617 ne limitait pas

____

(1) *Recueil des matériaux historiques* (Edition N. Doubrovine) vol. III, 1890, p. 307.

8

non plus le pouvoir du roi, lui laissant le droit de choisir
entre les opinions de la majorité et de la minorité (1). Il ne
faut pas oublier non plus que, grâce à l'Acte d'Union et de
Sécurité de 1789, peu avant l'annexion de la Finlande, les rois
suédois avaient reconquis leur pouvoir autocratique.

Reste encore le fait même de la convocation des délégués à
Borgo en 1809. Cette Diète prouve-t-elle la constitution de la
Finlande, c'est-à-dire, l'acceptation par l'Empereur Alexandre Ier
de la Forme de Gouvernement de 1772 en qualité de loi
fondamentale, limitant les droits souverains des Monarques
Russes et accordant à la Finlande le droit à l'indépendance,
comme à un Etat? Ce qui a été dit précédemment, au sujet du
Règlement de la Diète de 1617 et de l'application de la Forme
de Gouvernement de 1772, décide la question en grande partie ;
la plus ancienne de ces lois avait institué un ordre de représentation à la Diète conforme à celui des Diètes générales
(Riksdags) en remplacement des Diètes de province qui avaient
existé jusque là ; cet ordre des choses a persisté en Suède,
tout à fait indépendamment de la question des droits, dont
devaient jouir les Diètes. Quant à ces droits, ils n'étaient pas les
mêmes à différentes époques. Au XVIIe siècle ils étaient définis
par les soi-disants serments et confirmations royales et jusqu'à
1682 la Diète jouissait du droit de limiter le pouvoir royal
en matière de législation et en d'autres matières. Depuis 1682,
le pouvoir royal en Suède devint tout à fait illimité de par la loi
et le roi obtint le droit de prendre ou de ne pas prendre en
considération les décisions de la Diète.

Voici ce qu'écrit Naumann (2), l'historien du droit d'Etat Suédois, à propos de la loi concernant les droits du roi, loi qui fut
promulguée à la Diète de 1682 : « De cette manière il dépendait
dès lors du bon vouloir du roi de permettre aux dignitaires
de la Diète de prendre part à la modification d'une loi générale

(1) Voir les œuvres de *Edvard. Berg. Finlands, Statsl. Utvechling 1889*,
p. 21.
(2) *Histoire du droit de l'Etat Suédois ;* édit. 1878 (en langue suédoise)
p. 284 (282-288).

ou de ne pas le permettre. Tout le pouvoir législatif, sans exceptions, fut conféré au roi. En confirmant les décisions des délégués de la Diète, le roi (Charles XI) proclama la mise en vigueur de ces décisions en qualité de loi perpétuelle et déclara que quiconque attenterait à cette loi de quelque façon que ce soit serait considéré comme coupable de haute trahison. Après la publication de l'ordonnance de 1682 les Diètes en Suède furent convoquées comme autrefois, en vertu du Règlement de la Diète de 1617, mais elles n'eurent qu'un caractère consultatif.

Cela dura ainsi jusqu'en 1720, époque où commença pour les États une période de liberté.

L'institution des représentants à la Diète en Suède avait existé (pendant les règnes de Charles XI et de Charles XII) sur la base du règlement de la Diète de 1617 sans droit de limiter le pouvoir souverain, mais seulement comme voix consultative ; de même en Finlande, elle ne pouvait exister indépendamment de la Forme de Gouvernement de 1772. Sous une autre forme cette institution ne pouvait être laissée à la Finlande après que ce pays avait été incorporé à l'Empire de Russie et faisait partie intégrale d'un Empire, dont le gouvernement avait été autocratique et illimité de temps immémorial. C'est ainsi, en réalité, que l'ordre de la Diète fut érigé.

Les représentants des États siégèrent à Borgo, mais ils n'avaient pas adopté la « Forme de Gouvernement » de 1772 et, par conséquent, le fait que la Diète a été convoquée en 1809, ne peut être allégué comme preuve qu'Alexandre Ier ait eu l'intention de reconnaitre les prérogatives d'un « pouvoir souverain » indépendant du pouvoir impérial.

Pendant un demi-siècle après la Diète de Borgo les délégués provinciaux de la Finlande ne s'assemblèrent pas. Les personnages influents de la Finlande eurent recours aux prières et aux ruses, mais sans résultats. Le comte G.-M. Armfeldt et ses amis, voyant qu'on ne convoquait pas la Diète, projetèrent de soulever la question d'une milice nationale espérant qu'une affaire aussi importante et aussi sérieuse ne serait pas résolue par l'Empereur sans les réprésentants du peuple. La réponse du souverain fut trés instructive : « Voyons ! » dit Alexandre Pavlovitch, « Pourquoi m'exposerais-je à un refus, dans le cas où je consulterais le peuple (à la Diète), ou à un blâme ou à la méfiance, dans le cas où je voudrais appliquer des mesures arbitraires ? » (1). Ces paroles démontrent suffisamment la façon dont l'Empereur Alexandre Ier considérait les Diètes. La Diète de Pologne fut ensuite convoquée plus d'une fois, tandis que la Diète de Finlande ne le fut pas. Cette circonstance s'explique non seulement par le mouvement réactionnaire qui se manifesta en Europe, non seulement par la découverte des sociétés secrètes et le changement du caractère de l'Empereur, mais aussi par les doutes des Finlandais eux-mêmes sur l'utilité et l'importance de la Diète. On voyait hésiter les meneurs de la politique finlandaise de ce temps-là, tels que Ehrenström et Aminoff (2). En 1812, le comte Armfeldt eut l'intention de réformer toute l'administration de la Finlande. Ehrenstrom écrivait alors à ce sujet : « Je ne vois pas de raison suffisante pour que les délégués provinciaux soient convoqués afin de réformer le gouvernement (le Sénat) et qu'il faille pour cela demander leur consentement, car il n'est guère question de nouveaux impôts. Je trouve même dangereux (vådligt) de les consulter pour ces questions là... ce serait étendre leur pou-

---

(1) « Nablioudatel », 1896, XII, 213 et 237 ; « Rousskaïa Starina », 1866, VIII, 132 et 152 (tous ces deux articles sont les extraits des œuvres de E. Tegner, parlant du comte G.-M. Armfeldt).

(2) *De tre gustavianerna*, œuvre de T. Hartman ; Helsingfors, 1899 ; pages 275, 280 et 348. On peut nommer à ce propos un grand personnage finlandais des années quarante et cinquante, le sénateur Hartman, qui, lui aussi, ne s'intéressait pas aux Diètes de la Finlande. Il déclarait, d'une manière précise, que les principes fondamentaux du gouvernement de la Finlande doivent être homogènes avec ceux de l'Empire, auquel la Finlande est unie. Dans une de ses lettres de 1854 au comte A. Armfeldt, Hartman dit : « Bien que la Finlande se gouverne elle-même, l'uniformité doit dominer dans le principe du gouvernement. Sous ce rapport, selon moi, l'assimilation avec la mère patrie (c'est-à-dire avec la Russie) peut être réalisée peu à peu ». Voir I.-W. Snellman, par T. Rein, vol. II, page 243.

voir. » Aminoff, en 1817, présenta à l'Empereur un rapport spécial, dans lequel il conseillait de ne convoquer la Diète dans aucun autre cas que celui de l'établissement de nouveaux impôts ou de nouvelles lois, le Monarque pouvant prononcer ses décisions sur les affaires sans la coopération des délégations provinciales. Selon l'avis d'Aminoff, il n'était même pas indispensable de convoquer les Diètes pour les nouveaux impôts, le pays ne pouvant pas les payer: quant à la question de la publication des lois, Aminoff croyait de son devoir de signaler, premièrement, que les classes de la population n'étaient pas encore assez mûres pour remplir un devoir aussi sérieux et, secondement, que, comme toute l'histoire de la Suède l'a démontré, les Diètes fréquentes ne font que nuire aux principes du gouvernement. Enfin, l'auteur du mémoire avertissait l'Empereur qu'il ne fallait pas soumettre à l'examen des délégations de questions dépendantes de la décision unique du Monarque (1). Afin de donner un plus grand poids aux opinions émises dans ce rapport, Aminoff rappelait son expérience et sa compétence dans les affaires de ce genre. Les Finlandais se perdaient en conjectures, ne pouvant s'expliquer les causes qui avaient provoqué un changement si brusque dans les vues de l'Empereur sur le sujet de la Diète finlandaise, et l'attribuaient à l'influence de conseillers astucieux et à des insinuations trompeuses qui avaient pu arriver jusqu'à l'Empereur pendant son voyage à Abo, en 1812.

Après le discours bien connu de Varsovie, en l'année 1818, on reprit courage au Secrétariat de Finlande et Rehbinder se hasarda, avec circonspection, à élaborer un projet de « constitution ». Afin de bien peser la question, il entra en correspondance avec ses amis et les personnages influents de ce temps. A cette époque, Aminoff avait déjà changé son point de vue et il se prononçait pour la nécessité de la Diète, espérant qu'elle pourrait tirer le peuple de son indifférence pour tous les plans constitutionnels de ses meneurs. On sait qu'aucun des projets

(1) Hartman, page 348.

n'a eu la chance d'être réalisé et la situation de la Finlande, selon l'expression de Ehrenstrom, resta provisoire (provisoriska) (1). Pour sortir de cet état indécis, il fallait, selon l'opinion des hommes influents de ce temps, établir en Finlande une nouvelle constitution, se conformant à la position que la Finlande occupait, depuis l'année 1800, dans le rang des peuples soumis au sceptre russe. La nécessité de cette conformité ne devait pas être oubliée, et les premiers collaborateurs de l'Empereur pour l'organisation du pays, comprenaient qu'on ne pouvait pas assurer autrement le nouveau régime de la Finlande. Le général Sprengtporten, par exemple, qui était en première pour solliciter l'indépendance de la Finlande, comprenait bien que l'Empereur Alexandre Ier n'avait pu donner de lois nouvelles à ce pays, « qu'autant qu'elles n'étaient pas contraires aux intérêts de l'Empire. » Le comte G. M. Armfeldt, lorsqu'il cherchait à obtenir l'établissement « d'un bureau spécial pour les affaires de la Finlande » avec des employés « pris dans les rangs de la jeunesse finnoise » trouvait qu'imperceptiblement et peu à peu il fallait former « des hommes capables d'occuper les places administratives en les conformant aux mœurs du reste de l'Empire » (2). Il n'est pas besoin de dire que la forme du gouvernement de 1872, s'opposait évidemment aux intérêts de l'Empire et ne s'accordait pas avec les mœurs et usages russes.

(1) Œuvre de Hartman, 1899, pages 348-361.
(2) Doubrovine, N. — Recueil, 1890, livraison III, 289.

XXVIII

LE RÈGNE DE L'EMPEREUR NICOLAS Ier

Le règne de l'Empereur Nicolas Ier n'est pas riche en
épisodes qui pourraient témoigner de la sympathie de ce
Monarque pour la constitution finlandaise, c'est pourquoi son
règne n'a pu trouver de place dans l'histoire du « droit de l'Etat
de Finlande » et il n'est pas fait mention de lui dans les comptes-
rendus de la Diète et du Sénat (1). Le Manifeste concernant les
privilèges finlandais fut signé le 12 décembre et les lois fondamentales, les droits et privilèges du Duché furent ainsi assurés;
cependant la Diète ne fut jamais convoquée sous le règne de
l'empereur Nicolas Ier et les nouvelles lois émanèrent, selon
l'ordre habituel, de l'autocrate de Russie, qui était le seul
législateur en Finlande. Se fondant sur un rescrit de Sa Majesté
Impériale du 2 août 1827, dans lequel il était dit que « les
circonstances n'avaient pas permis à l'Empereur de convoquer
les délégations provinciales du Grand-Duché », les Finlandais

(1) On cite le fait suivant, reproduit par le biographe du ministre
Secrétaire d'Etat Rehbinder : En 1825, lorsque l'Empereur Nicolas Pavlovitch, en signant le manifeste des privilèges finlandais, désira changer
le texte, Rehbinder prononça ces mots : « Sire, tout ou rien ». D'après une
autre version, Rehbinder, à genoux, suppliait l'Empereur de signer le témoignage habituel. Il n'est pas difficile de dire laquelle des deux versions
est plus près de la vérité. Voir les œuvres de Kastren et Snellman.

ont prétendu que l'Empereur Nicolas Ier reconnaissait que son pouvoir était limité par la Diète. Il n'est pas probable qu'un cas particulier puisse servir de base à une généralisation aussi large. Mais, à part cela, il suffit de lire le rescrit en question, qui a un cachet particulier, pour apprécier les conclusions que les Finlandais en tirent. « Ayant toujours pris soin de développer le bien-être général et la prospérité de tous nos fidèles sujets et d'établir la concorde et la confiance réciproque entre les divers peuples soumis à Notre Sceptre, Nous avons porté avec chagrin Notre attention sur ce fait, que les personnes naturalisées dans le Grand-Duché de Finlande, professant la même religion que Nous, n'ont pas le droit d'entrer au service de ce pays, bien que les relations politiques modifiées, ainsi que la vraie tolérance conforme à la civilisation du siècle, exigent des modifications dans les lois anciennes, lois composées dans des circonstances toutes différentes de celles qui existent aujourd'hui ». « Nous sommes persuadés que les habitants de la Finlande, connus par leur franchise et par leur manière de voir dépourvue de préjugés, verront eux-mêmes que leur intérêt et celui de leur pays, demandent la cessation de rapports qui, au lieu d'unir et de rapprocher entre eux les sujets placés sous Notre tutelle paternelle et sous la protection et la défense du même Empire, renferment les germes de la méfiance, de la discorde et de la malveillance ».

» Ayant pris en considération, que les circonstances et Nos soucis concernant les autres branches de l'administration ne nous permettent pas à présent de convoquer les autorités provinciales du Grand-Duché et que, d'autre part, l'existence ultérieure des rapports en question pourrait présenter de graves inconvénients, conformément aux devoirs de Notre dignité Souveraine, nous avons jugé bon d'établir des règlements, dont le principal porte que les personnes de la religion orthodoxe gréco-russe qui ont déjà acquis les droits civils dans le Grand-Duché de Finlande ou qui vont les acquérir, ont obtenu le droit d'entrer au service civil et militaire de ce pays et d'en occuper les charges, selon leur capacités et leurs mérites, en observant cependant es prescriptions locales qui sont en vigueur, excepté les examens de la faculté théologique dout les personnes sus-mentionnées appartenant à la religion orthodoxe gréco-russe. sont affranchies dans tous les cas. »

XXIX

RÈGNE DE L'EMPEREUR ALEXANDRE II, PRÉPARATIFS POUR LA DIETE DE 1863

Une nouvelle période dans l'histoire de la Diète finlandaise commence à partir du mois de mars 1856, c'est-à-dire du jour où l'Empereur Alexandre II, présidant personnellement au Sénat de Finlande, projeta une série de réformes pour ce pays. Les Finlandais, en procédant à leur réalisation, profitèrent de l'occasion et commencèrent de plus en plus souvent à signaler la nécessité absolue d'écouter « la voix du peuple ». Jusqu'à ce jour la presse locale parlait bien timidement et bien rarement de la nécessité de convoquer les délégués provinciaux.

Le publiciste et professeur (plus tard sénateur) J. W. Snellman prit la liberté de répéter cela plus souvent que les autres dans ses écrits. Mais ce fut pendant les fêtes solennelles du couronnement (en 1856) qu'on en parla pour la première fois à haute voix à l'Université (l'évêque Schauman et le recteur Rein) (1). Dans les sphères gouvernementales, on trouva ces discours déplacés, mais ils ne passèrent pas inaperçus.

Le mot « Diète » devint le mot de ralliement de tous les pa-

____

(1) Biographie de Snellman, par T. Rein ; 1899, vol II, page 145 et autres (en Suédois). Schubernson. Ur Finlande Konstitutionella historia 1809-1863, Helsingfors, 1898, pages 61 et autres.

triotes ; la presse locale s'en empara et le colporta dans le pays. En 1859 le Sénat reçut inopinément une demande du Secrétariat d'Etat qui désirait connaître les questions qui exigeaient le plus impérieusement la convocation des délégations provinciales. Les circonstances politiques n'étaient pas favorables à la convocation de la Diète en ce moment, aussi s'avisa-t-on au Secrétariat d'Etat d'organiser une commission spéciale de représentants des classes, qui remplaçait quelquefois en Suède dans les temps passés, les Riksdags. Bien que le Gouverneur Général de la Province, le comte Berg se trouvât alors à St-Pétersbourg, le plan de cette commission fut élaboré si secrètement qu'il ne le sut que lorsque l'Empereur, l'ayant rencontré à une exposition, l'invita au palais pour l'examen du plan déjà soumis à la sanction de Sa Majesté Impériale (1). La conduite du comte Berg à l'égard de la Diète est si originale, qu'elle mérite d'être signalée, d'autant plus qu'elle n'a été révélée que tout récemment. Snellman qui lui tenait de près, raconte ce qui suit. On avait reçu de St-Pétersbourg une dépêche interdisant la continuation des préparatifs pour la Diète. « L'affaire (de la Diète), ajoutait le comte en faisant part de la dépêche, n'est pas nouvelle pour moi ; partout où j'allais en Finlande on me parlait de la nécessité de la Diète, Mais on ne doit pas le crier sur les toits. Voyez en Livonie, nous avons des Landtags, et cependant personne n'en parle et grâce à cela nous avons pu les conserver ». Selon Snellman le comte Berg revenait souvent et volontiers a cet exemple persuasif. Il fut interdit aux journaux de débattre la question de la Diète. Snellman, impatient, demanda l'autorisation de faire une allusion aux délégations provinciales dans son livre, mais le comte repoussa sa demande, en disant : « Sonst verderben Sie mir mein Werk ». Il se passa quelque temps et les préparatifs pour la Diète recommencèrent. Il s'agissait de convoquer (en 1861), une commission appelée Commission de Janvier, pour l'élaboration des projets de propositions à la Diète (2). Le manifeste de cette commis-

(1) OEuvres de Snellman, Postuma.
(2) « Norwoïé Wrémia », 1897, n° 7555.

sion mit sur pied le parti libéral qui, voyant dans les dispositions du gouvernement une infraction aux lois fondamentales
du pays, craignait qu'à l'avenir de telles commissions ne fussent
appelées à remplacer les Diètes. « Si ce manifeste avait été
accepté tranquillement et avec indifférence, écrivait le publiciste Aug. Schauman, la Finlande par ce fait aurait renoncé pour
toujours à ses droits politiques » (1). Il fut décidé de pousser
la société à l'opposition. Dans ce but, on organisa des réunions
secrètes à Helsingfors. A l'examen de l'affaire de la Commission
au Sénat, la majorité s'inclina devant la marche des événements,
mais cinq des sénateurs furent d'une opinion contraire. On
fit une sérénade de chansons patriotiques à ceux qui protes-
taient. Ensuite une démonstration publique eut lieu au son
de la Marseillaise finlandaise « la *Marche de Bierneborg* », et
aux cris de « *Vive les lois fondamentales !* » (2). Cependant la
foule ne dépassait pas 500 hommes. En même temps, dans
une réunion tenue à Helsingfors, on décida de solliciter la suppression du manifeste en présentant une pétition spéciale. Pour
donner à l'adresse la portée d'une protestation générale, on
envoya des courriers pour chercher les propriétaires des domaines voisins (3).

Les membres de la Commission de Janvier s'empressèrent, de
leur côté, de montrer « qu'ils ne représentaient pas le pays et
ses autorités provinciales, d'après la forme de l'assemblée et d'a
près la nature de leur activité »... Snellman exprima le désir de
rappeler à la raison ses compatriotes par un article spécial. En
s'entretenant à ce sujet avec le comte Berg, il entendit de lui la
déclaration suivante : « Il est tout à fait juste que la Commission soit suivie par une convocation de la Diète, mais nous ne
pouvons pas montrer d'impatience : man darf Seine Majestät nicht

(1) Les souvenirs (en Suédois) 1894, livrais. VIII, page 379-399.
(2) Le comte Berg trouvait que « la marche de Bierneborg » avait plutôt
sa place dans le camp de Garibaldi que parmi les étudiants finois (sa
lettre au comte Armfeldt, le 7 août 1860).
(3) Les événements de l'année 1899 et la protestation dirigée contre le
manifeste du 3 février, sont en quelque sorte une répétition du plan des
agitateurs de l'année 1861.

bruskiren ». En terminant la biographie de ce gouverneur général, Snellman ajoute : « Le comte Berg était Livonien par son
éducation et ses opinions, c'est pourquoi il n'a pu concevoir le
désir d'organiser en Finlande la propagande russe » (1). « J'ose
affirmer, ajoute un autre publiciste du pays — que la Finlande
doit son autonomie précisément à cet homme » (c'est-à-dire au
comte Berg) (2).

Le 6 (18) septembre 1863, l'Empereur Alexandre II ouvrit
la seconde Diète finlandaise à Helsingfors, par un discours
plein de larges promesses constitutionnelles. La rédaction du
discours fut confiée au sénateur finlandais Snellman, ce qui
explique plusieurs de ses particularités (3). Sans nous occuper de tout le discours, arrêtons-nous au passage où il est dit
que « plusieurs règlements des lois fondamentales du Grand-
Duché se montrent incompatibles avec l'état de choses établi
depuis l'annexion de ce Duché à l'Empire ; d'autres manquent
de clarté et de précision. « Voulant combler ces lacunes, J'ai
l'intention, dit l'Empereur, d'ordonner l'élaboration d'un projet
de lois qui, renfermant les explications et complétant ces règlements, sera proposé à l'examen de la Diète suivante, que je me
propose de convoquer dans trois ans ». Voilà donc par quoi
devaient commencer les innovations. Il s'agissait de dresser un
projet de lois fondamentales, car tant que ces lois restaient
obscures et difficiles à appliquer, elles ne pouvaient certainement pas embarrasser ou restreindre en quoi que ce fut, l'antique
pouvoir de l'Autocrate.

(1) Œuvres complètes de Snellman. La biographie du comte Berg, écrite
en 1874. Voir encore vol. VI, 1895. page 620.
(2) Aug. Schauman. Souvenirs VIII, 226. Lorsque le comte Berg partit
de la Finlande, le public content s'étant réuni au théâtre suédois, demanda
l'exécution de l'hymne national.
(3) Voir : Minnestral « ofver I. W. Snellman » af Th. Rein, Helsingfovs,
1892, pages 27-28. La rédaction du texte français du discours, fut confiée
au fonctionnaire diplomatique russe M. Hamburger.

XXX

PROGRAMME DE 1864.

C'est au Secrétariat d'Etat de Finlande que fut confié le soin des travaux préparatoires pour l'élaboration du projet des lois fondamentales, ce qui eut lieu de nouveau si secrètement que le Gouverneur-Général du pays Rokassovsky, en fut informé seulement par hasard. Tandis que le Ministre Secrétaire d'Etat comte A. Armfeldt réussit à obtenir la sanction de l'Empereur pour son programme préliminaire des réformes projetées (1).

Dans ces temps-là, on se souciait en général fort peu du représentant du pouvoir russe en Finlande et le Secrétariat d'Etat ne se faisait pas faute de mener sa propre politique en profitant de sa proximité au trône et de la haute confiance du Monarque. En décembre 1864 les personnages influents finlandais du Secrétariat d'Etat projetèrent aussi de réformer le Sénat en transformant son département de justice en un tribunal suprême d'organisation séparée, à la seule fin que le gouverneur général « cessât d'être le président du Sénat. » (2).

(1) « La limite finlandaise de la Russie », 1891 ; 1.70. Pourquoi fallait-il cacher le commencement de l'affaire au général-gouverneur. N'est-ce pas une preuve de la faiblesse de la base sur laquelle elle fut projetée au Secrétariat d'Etat et de la nécessité d'assurer le succès des premiers pas par des démarches secrètes.

(2) La minute du Secrétariat d'Etat de la lettre au conseiller privé Kronstendt. *Sub* N° 283 (année 1864).

De semblables projets de réforme avaient été faits aussi auparavant.

En 1812, par exemple, Ehrenstrom proposait une réforme du conseil, pour créer auprès du Gouverneur-Général, un conseil spécial composé de quatre membres et de centraliser en ce conseil le pouvoir supérieur de la contrée, en prenant du sein de ce conseil les éléments d'une Haute Cour. Le même projet fut élaboré par le sénateur Rotkirch. Le baron P.-N. Rokassovsky apprit l'existence du projet de réforme du Sénat en mai 1865 et s'empressa de présenter ses explications. « Bien que les intérêts des Finlandais pour leur développement régulier et pour la prospérité de la contrée me soient chers, écrivait-il, je ne puis pourtant souhaiter qu'ils se réalisent au détriment des intérêts de l'Empire... Dans la réforme projetée du Sénat avec la nomination d'un Président originaire de la Finlande, à ce qu'il paraît, le but principal était l'annulation de l'influence du Gouverneur-Général sur les affaires de l'administration ». Rokassovsky comprit que le nouvel ordre mettrait le Gouverneur-Général dans une fausse position et le priverait définitivement de la possibilité de « remplir ses devoirs consciencieusement ». Pour conclure, il fit observer que ces derniers temps, il y avait eu beaucoup de changements dans la société locale, de nouvelles conceptions sur l'indépendance de la contrée s'étaient faites jour, ainsi qu'une tendance au séparatisme et un désir opiniâtre de s'assurer l'avenir. Diverses concessions furent sollicitées peu à peu et, systématiquement, tout en étant par elles-mêmes de peu d'importance, elles achevèrent le détachement du Grand-Duché de l'Empire » (1).

En même temps, le baron Rokassovsky fut obligé de se prononcer aussi contre un autre programme qui devait servir de base pour l'élaboration d'un nouveau règlement (ou forme

---

(1) Les autorités finlandaises, en niant l'existence du séparatisme dont parlait Rokassovsky, ont reconnu cependant que dans le pays « il y a des personnes qui ne sont pas tout à fait bien disposées pour la Russie et peut-être ont-elles aussi des aspirations incompatibles avec la sujétion de la Finlande à l'Empire »...

d'administration) pour le Grand-Duché de Finlande. Dans le programme en question, il était dit que le comité auquel serait confiée l'élaboration d'un projet des motifs aux lois fondamentales du Grand Duché, devait avoir en vue non seulement la Forme du gouvernement de 1772 et l'Acte d'Union et de Sécurité de 1789, mais aussi que les décrets ultérieurs indiqués par Sa Majesté fussent unis en un acte et une loi fondamentale, sous le nom de « Règlement du Grand-Duché »...

Par suite de ce que les lois de 1772 et 1779 avaient été mentionnées dans le programme de 1864, le Sénat finlandais joignit ce dernier à l'un de ses récents rapports au Souverain comme preuve de ce que ces lois fondamentales avaient été reconnues par l'Empereur et par conséquent étaient en vigueur en Finlande (1). Le Sénat n'entrait, d'ailleurs, à ce sujet, dans aucune explication plus ample.

Or, l'intéressante affaire en question avait une autre face et un côté très essentiel que le Sénat se gardait d'éclaircir ; en sorte que le mentionnement du programme de 1864 était fait comme d'ordinaire, d'une manière très superficielle. Quant au degré de partialité que la Diète et le Sénat finlandais mettent généralemnt en touchant dans leurs comptes-rendus et leurs conclusions, la question de l'état politique du Grand-Duché, l'on peut en juger par ce seul fait que ni les Délégations principales ni les Sénateurs n'ont fait aucune mention du Traité de Friederikshamm par lequelle fut établi le nouvel état de choses en Finlande après l'année 1809 ! Comme le présent aperçu a surtout pour but de compléter ce qui n'a pas été dit par les Finlandais, nous rapporterons ici quelques faits concernants l'époque qui a suivi immédiatement le discours solennel de l'année 1863, afin qu'il soit possible de déterminer d'une manière plus certaine et plus complète, le cas que faisait l'Empereur Alexandre II des lois fondamentales de la Finlande.

Le programme commence par des citations assez vagues extraites de la Forme du gouvernement de 1772 et de l'Acte

(1) Conclusion très dévouée du Sénat finlandais, 1899, page 31.

d'Union et de Sécurité de 1789. Mais à la suite de ces citations, il est immédiatement fait mention de la nécessité de ne pas perdre de vue le principe fondamental qui forme la base principale des législations antérieures et qui est mentionné à part dans le premier paragraphe de l'Acte de Sécurité. Et dans ce § I, il est dit que le roi héréditaire (de Suède) « a pleins pouvoirs pour gouverner l'Etat, pour le défendre, le sauver et le protéger, pour commencer la guerre, conclure la paix et les alliances avec les puissances étrangères; pour grâcier, accorder la vie, l'honneur et la propriété ; pour statuer selon son jugement suprême sur tous les charges et emplois de l'Etat qui ne doivent être occupés que par des Suédois, et pour appliquer et maintenir les lois et la justice. Les autres affaires concernant les besoins de l'Etat « sont administrées de la manière que le Roi trouvera la plus utile ». Ajoutons encore à ceci les indications suivantes du programme: que la Finlande est une partie de l'Empire auquel elle est unie indissolublement et que pour les questions concernant la succession à la couronne, la majorité de l'Héritier, etc., ce sont les lois fondamentales de l'Empire qui doivent être en vigueur en Finlande. Tout cela, pris ensemble, fait voir tout d'abord que c'est le Monarque de toutes les Russies qui a dû rester la source de tout pouvoir en Finlande. Et, en effet, les droits des Délégations provinciales se trouvaient définis bien modestement dans le programme, et avec cela en termes très vagues.

Il était dit d'elles qu'elles avaient le droit de s'assembler à la Diète (est-ce de leur propre initiative ?), qu'à l'avenir il n'était pas désirable que les emprunts se fassent sans leur coopération et que de nouvelles contributions ne devraient pas être imposées sans leur concours ; quant à la législation, le programme ne mentionnait que le droit de proposition des lois et des règlements et renvoyait au § 42 de la Forme de gouvernement de 1772 qui est tout à fait inapplicable à la Finlande, parce que ce pays n'a ni les conseillers d'Etat de même importance que ceux qui existaient en Suède, ni les Délégations qui s'assemblaient aux Rigsdags. Cela ne tarda pas à paraître en pratique. Lorsque les Délégations provinciales à la Diète de 1867 se rapportèrent au § 42 de la Forme de gouvernement, on leur fit observer, dans un rescrit spécial, qu'aucune loi n'avait investi le Sénat finlandais des droits et de l'importance du Conseil d'Etat suédois tel qu'il avait été jusqu'à 1789; et vu l'absence d'institution correspondante à ce conseil (suédois), il était impossible de parler de l'application à la Finlande du § 42 de la Forme de gouvernement de 1772 (1).

L'examen des autres parties du programme de 1864 n'entre pas dans notre tâche, car le Sénat même, qui annexa ce programme à sa déclaration, ne les aborde pas.

Pour l'élaboration des statuts du Grand-Duché de Finlande, d'après les principes indiqués par le programme de 1864, une commission spéciale fut organisée sous la présidence du lieutenant-général Nordenstam. Sous la plume de la Commission Nordenstam, le premier principe du programme fut modifié de manière à le rendre méconnaissable. A l'appui de cette assertion il suffit d'indiquer deux articles du projet élaboré par cette commission. Dans le § 39, il est dit : « Les délégations provinciales de la Finlande ont le droit, conjointement avec Sa Majesté l'Empereur et le Grand Duc, d'établir une loi fondamentale, ainsi que les principes généraux du droit civil, criminel, ecclésiastique et maritime, et de modifier ou d'abroger les lois publiées auparavant. Par conséquent Sa Majesté l'Empereur ne peut pas, sans le consentement des délégations provinciales, de même que celles-ci ne peuvent, sans son consentement, statuer sur de pareilles lois, quelles qu'elles soient, ou abroger celles qui existaient auparavant. Les lois fondamentales de la Finlande sont les statuts ci-joints ainsi que le

_____

(1) § 42 de la Forme du gouvernement : « Lorsqu'il s'agit de promulguer une loi, on doit observer ce qui suit : si ce sont les autorités d'Etat qui le désirent, elles délibèrent entre elles et, après avoir obtenu la sanction nécessaire, ce projet est remis par quatre talmans à Sa Majesté Royale pour avoir son opinion. Alors Sa Majesté Royale demande conseil aux Conseillers d'Etat et s'informe de leurs opinions. Ensuite Elle les discute elle-même et, après avoir prononcé sa décision, Elle fait venir les autorités d'Etat dans la salle de l'Etat » etc.

Règlement de la Diète » (que l'on élaborait en même temps).

Dans le § 40 on lisait : « La loi fondamentale ne peut être établie, modifiée ou abolie que par suite d'une proposition de Sa Majesté l'Empereur. En outre, les questions concernant l'établissement, la modification ou l'abrogation des Statuts généraux en matière civile, criminelle, ecclésiastique et maritime pourront être mises à l'examen, sur l'initiative des ordres sociaux. Le même droit de proposition est aussi réservé aux délégations provinciales sur toute autre question dépendant de la décision commune de Sa Majesté l'Empereur et des délégations provinciales ». Où est donc, dans ces paragraphes « ce principe essentiel des législations d'autrefois dont parle le paragraphe 1 de l'Acte de Sécurité », disant que le souverain « a pleins pouvoirs pour gouverner l'Etat ? » Il est clair que la Commission Nordenstam ne faisait pas ce dont elle avait été chargée.

On s'aperçut de la tendance des travaux de la Commission, et le projet des statuts pour le Grand-Duché de Finlande n'obtint pas la sanction de Sa Majesté. D'un côté, comme nous avons vu, ce projet ne répondait pas à la principale idée du programme de 1864 et de l'autre il est évident que l'Empereur Alexandre II n'était nullement disposé à de pareilles restrictions de sa puissance, qui menaient la Finlande au séparatisme pour en faire un Etat indépendant. En outre, l'Empereur remarqua dans les Diètes, dès le début, certaines aspirations qui ne promettaient rien de bon pour les intérêts de l'Empire, ce qui obligea Sa Majesté d'exprimer déjà dans son discours solennel, le regret que lui causait la conduite des délégations. (1) Enfin, il faut supposer que la parole du gouverneur-général P.-N. Rokassovsky n'est pas restée non plus sans conséquences ; il écrivait que « la promulgation des statuts révisés, étant donnée la disposition actuelle des esprits, pouvait donner lieu à des débats déplacés à la Diète et, a un certain degré, pouvait

____

(1) A la Diète de 1863, les députés commencèrent à discuter, par exemple, s'il fallait admettre à la séance les autorités provinciales-nobles finlandaises arrivées de Russie, mais n'habitant pas toujours la Finlande ?

fortifier la fausse conception des habitants en ce qui concerne l'indépendance de leur pays ». Le projet en question ne fut donc pas soumis à l'examen de la Diète et resta sans conséquences.

Ainsi, le renvoi du Sénat au programme de 1864 ne peut pas avoir d'importance. Il fut composé par les Finlandais seuls qui, dans cette affaire, furent guidés par des motifs bien transparents qu'ils tâchaient de cacher au gouvernement.

Les statuts ne furent pas confirmés et on ne s'occupa plus du programme de 1864. On ne peut évidemment pas passer sous silence de pareils faits, du moment qu'il s'agit de ce programme, car ils impliquent la solution de la question qui y est traitée (1).

(1) En général, les Finlandais donnent une importance exagérée aux programmes (de 1863), aux comptes rendus (de l'année 1871 de M. Spéranski), aux brouillons de rescrits et aux projets d'instruction (à Steingel en 1810), ce qui prouve certainement, à un certain degré, la faiblesse de leur augmentation qui les oblige d'avoir recours à de semblables témoignages.

XXXI

RÈGLEMENT DE LA DIETE

En même temps que le projet des Statuts, la Commission du
lieutenant-général Nordenstam élabora un projet de règlement
pour la Diète, lequel, après avoir été vu par les délégations provinciales, fut sanctionné en 1869. La Diète et le Sénat
attachent une importance particulière à ce règlement, premièrement parce que, dans le paragraphe 71 ainsi que dans un
post-scriptum spécial, au-dessous du règlement il y a des renvois
à la Forme de gouvernement et à l'Acte d'Union et de Sécurité,
et secondement parce que les paragraphes 71 et 73, selon
l'opinion des Finlandais, limitent le pouvoir souverain. En vue
de pareilles indications, il est nécessaire d'examiner les dits paragraphes et le post-scriptum en question. Dans le paragraphe 71
il est en effet fait mention de la « Forme de gouvernement »
dans les termes suivants : « Au sujet des questions concernant la modification ou l'abrogation des privilèges (donnés aux
classes), des immunités et des faveurs ou le don de nouveaux
privilèges, ce sont les décrets établis à cet effet dans la « Forme
de gouvernement » qui sont en vigueur ». De quelle Forme est-il
question ici ? Est-ce la Forme de 1772 ou la Forme dont le
projet fut élaboré en 1865 par la Commission du général Nordenstam ? Dans le cas présent, c'est une question essentielle
qui n'est pas résolue catégoriquement en faveur de la Forme

de gouvernement de 1772, comme la Diète le trouve. Le fait est que la Commission Nordenstam élaborait en même temps la Forme de gouvernement (ou Statut, comme on l'a nommé dans la traduction russe). Or, le règlement de la Diète et les deux projets devaient avoir entre eux une connexion très étroite. La Forme de gouvernement contenait toutes les principales lois fondamentales du pays ; c'était un projet de charte constitutionnelle complète que les Finlandais n'ont pas réussi, jusqu'à présent, à faire confirmer. Ici devaient être énumérés les articles concernant l'état politique de la Finlande, la puissance limitée du Monarque, le tribunal suprême, etc.

Dans cette même Forme de gouvernement se trouvaient les fameux paragraphes 39 et 40 que nous avons déjà cités et qui mettaient le Monarque russe dans la position des rois de Suède, dénués de droits durant la période des libertés suédoises. Mais comme il a déjà été dit, le projet de la Forme de gouvernement ne fut pas sanctionné par l'Empereur Alexandre II. Le règlement de la Diète ayant été composé d'une manière toute pareille à la Forme de gouverment (de 1865) et même dans son développement, comme une loi de procédure, il n'est pas étonnant que dans le règlement de la Diète il ait été fait, en son temps, un renvoi à la Forme de gouvernement de 1865. C'est d'autant plus naturel qu'à la suite de la Forme de gouvernement il n'y a aucune date (même l'année n'est pas indiquée). Pendant les travaux de la Commission Nordenstam, il fut question de réunir en une Forme de gouvernement, toutes les lois fondamentales du pays. Cette Forme de gouvernement (de 1865) devait annuler la Forme de gouvernement de 1772 et l'Acte d'Union et de Sécurité de 1789 ; par conséquent, en renvoyant à une nouvelle Forme de gouvernement, il n'y avait pas besoin d'indiquer l'année, parce qu'on supposait qu'elle serait unique en Finlande. Tout ce qui vient d'être dit donne des raisons de supposer que dans le paragraphe 71 du règlement de la Diète, on s'appuie sur la nouvelle Forme de gouvernement de 1875 et non sur l'ancienne (de 1772). Le projet de la Forme de gouvernement élaboré par la Commission du général Nordenstam ne fut pas sanctionné, mais le renvoi à cette Forme dans le règlement de la Diète resta. C'est d'autant plus probable que le règlement de la Diète, en général, passa sans corrections de rigueur, tandis que les déviations de la Forme de gouvernement (de 1865) provoquait des modifications sensibles dans quelques parties du règlement, et avant tout, dans la teneur entière du paragraphe 71.

Au commencement du paragraphe 71, il est dit : « publication, modification, éclaircissement ou abrogation de la loi fondamentale ne peuvent avoir lieu que d'après la proposition de Sa Majesté l'Empereur et Grand Duc et avec le consentement de toutes les classes ». Quel en est le sens ? A-t-il la portée et le caractère d'une loi constitutionnelle limitant la pouvoir du Monarque ou seulement d'un règlement de nature judiciaire, indiquant précisément dans quelles conditions la loi fondamentale est considérée comme acceptée ou abrogée par les autorités provinciales ? Si c'est une loi constitutionnelle, comment a-t-elle pu s'introduire dans le réglement de la Diète qui a pour but de déterminer exclusivement les règles concernant les assemblées et les séances des délégations provinciales ?

Une loi d'une importance aussi capitale, devant indiquer les relations du pouvoir souverain avec les délégations provinciales et les droits de cette puissance, est évidemment déplacée dans le règlement sur l'expédition des affaires de la Diète, et a sa place dans une loi spéciale du Grand-Duché. De cette manière, il reste à reconnaître que dans le paragraphe 71 du règlement de la Diète, il ne s'agit pas de la limitation du pouvoir, mais d'un pur réglement de procédure indiquant dans quelles conditions et dans quel ordre ont lieu les décisions de la Diète basées sur les lois fondamentales. C'est justement ainsi que les Finlandais comprenaient le § 71 (et le § 73) (1), et au fond, ils comprennent ainsi jusqu'à présent tout le règle-

(1) Edv. Berg. *Notre Administration et nos Diètes* (en suédois) vol. 1, page 528.

ment de la Diète « Le réglement de la Diète ne réserve pas aux autorités provinciales le pouvoir législatif qu'ils n'avaient pas auparavant ; ce pouvoir y est prévu comme existant déjà. Le réglement de la Diète a eu pour but de définir, entre autres, les conditions nécessaires pour que les décisions des délégations provinciales soient reconnues, c'est-à-dire pour l'éclaircissement de la question suivante : Faut-il la décision unanime de toutes les classes dans tous les cas, ou seulement dans quelques-uns, cette question n'ayant pas été prévue auparavant d'une manière précise par la loi ». Cet extrait est tiré de la réponse présentée au Souverain par les délégations provinciales en 1899 (I, page 120). — Le pouvoir législatif, d'après la même réponse, est réservé aux délégations provinciales en vertu même de la Forme du gouvernement de 1772 et de l'Acte d'Union et de Sécurité de 1789. Or la fausseté de cette assertion est démontrée par toute l'argumentation de cet ouvrage. La circonstance suivante mérite aussi d'être signalée. Si le sens du § 71 ne se réduisait pas à un réglement de procédure, pourquoi jugeait-on nécessaire de faire spécialement observer, dans le § 83, que le réglement de la Diète reste en vigueur jusqu'à son abrogation par « une décision » prise ensemble par le Monarque et les délégations provinciales ? tandis qu'il aurait dû suffire, vu la définition du § 71, d'indiquer seulement que ce règlement est porté au nombre des « lois fondamentales ». Cependant on ne se borna pas à cela évidemment parce qu'on ne voyait dans le réglement de la Diète qu'une simple instruction de procédure (1).

Ces circonstances sont généralement perdues de vue quand on se met à interpréter le réglement de la Diète, par suite de quoi on arrive à des malentendus considérables. Et si le réglement ne détermine que les conditions dans lesquelles on obtient les décisions de la Diète, il est clair que considéré dans son entier

---

(1) On fait observer dans le § 83 : « Le présent réglement de la Diète dans toutes ses parties, représente une loi inviolable pour le Monarque et les autorités provinciales de la Finlande, jusqu'à sa modification ou son abrogation par une décision en commun ».

il a une importance tout à fait relative et qu'il faut le comprendre dans ce sens, c'est-à-dire que si le pouvoir souverain propose un projet de loi fondamentale à l'examen des délégations provinciales, le projet est considéré comme accepté par la Diète du moment où toutes les quatre classes se prononcent en sa faveur ; si la Diète est mise en demeure de faire connaître son opinion en matière législative ordinaire, la décision de la Diète est considérée comme valable sur l'assentiment de trois classes seulement.

Il n'est pas probable qu'une autre interprétation puisse être juste, car elle marquerait une transformation de la loi de procédure en une charte constitutionnelle. Si même on ne reconnaissait pas cette transformation il resterait une bizarrerie inexplicable : dans une série d'articles qui ne concernent que la procédure on découvre inopinément un passage limitant le pouvoir souverain et établissant une forme de gouvernement nullement justifiée par l'histoire et qui est loin de correspondre à la manière d'agir du gouvernement russe en Finlande. L'histoire du réglement racontée plus haut nous explique entièrement cette anomalie.

XXXII

ANNEXE AUX STATUTS DE LA DIÈTE.

Au réglement de la Diète est jointe une annexe spéciale qui fait aussi mention des lois de 1772 et 1789. La Diète et le Sénat soulignent fortement cette circonstance, y voyant une nouvelle preuve de ce que ces lois furent reconnues en vigueur en Finlande. Dans l'annexe en question, il est dit : « En conservant le droit qui nous appartient tel qu'il est constitué dans la forme de gouvernement de 1772 et dans l'Acte d'Union et de Sécurité de 1789 et qui n'est pas modifié d'une manière précise dans le réglement de la Diète énoncé ci-dessus, nous approuvons par notre volonté Souveraine et sanctionnons ce réglement comme une loi fondamentale »... Ensuite vient la signature de l'Empereur Alexandre II (1).

Cet étrange appendice fait une impression singulière. Pourquoi en a-t-on eu besoin et que signifie-t-il, à vrai dire ? Il nous est évident que ce n'est pas sans dessein que les Finlandais influents l'insérèrent, après l'avoir rédigé d'une façon si bizarre.

Qu'est-ce que le règlement de la Diète ? Il comprend « les décrets et règles concernant les assemblées et les séances des

(1) Dans l'original du réglement de la Diète, ce post-scriptum n'est pas écrit de la main du Monarque qui sanctionna cette loi.

délégations provinciales » d'après ce qui est dit dans les premières lignes de sa préface, c'est-à-dire, il contient les règles de procédure des séances de la Diète ; il fait l'office de règlement comprenant les règles de convocation de la Diète et d'organisation intérieure de ses séances et de l'expédition des affaires. En signant le réglement de la Diète, l'Empereur n'a pu évidemment sanctionner que ce qu'il renfermait, c'est-à-dire ce qui concernait la manière de légiférer de la Diète.

Pourquoi donc, dans ce cas, trouve-t-on en post-scriptum du réglement de la Diète un renvoi aux lois de 1772 et 1789, tandis que le règlement même n'en fait pas mention ? Nous avons vu que les Augustes prédécesseurs de l'Empereur Alexandre II ne tenaient pas compte de ces lois fondamentales. Il est également avéré que les articles du réglement de la Diète ne furent pas extraits de ces lois, mais qu'ils furent créés indépendamment. Par conséquent ni l'histoire, ni le contenu du réglement de la Diète ne donnaient une raison de citer dans le post-scriptum, les lois de 1772 et de 1789. Comment comprendre enfin le sens vague de toute cette annexe, concernant le maintien des droits ? Est-il naturel de conserver les droits sans s'occuper des devoirs qui s'y rattachent. Nous supposons que non. Il ne reste qu'une explication, c'est que les Finlandais qui rédigèrent le post-scriptum du réglement, voulaient placer devant la signature du Monarque une mention spéciale des lois fondamentales et témoigner par ceci qu'elles étaient en vigueur dans le pays. Mais leur but ne peut pas être considéré comme atteint. L'Empereur, en sanctionnant le réglement de la Diète, exprima sa manière de voir seulement pour ce qui concerne ce règlement ; mais, ce qui dans le cas présent ne faisait pas partie de cette loi, ne pouvait évidemment pas être soumis à la sanction souveraine par la signature de ce règlement. « Le Règlement concernait exclusivement le personnel et la manière d'agir des assemblées de la Diète. De quelle manière ce fait-il qu'à propos de sa confirmation, il se trouve tout d'un coup la définition générale des droits de l'Empereur de Russie sur la Finlande, dont jusqu'alors il ne fut fait mention nulle part ? »

La conjecture, que les Finlandais intercalèrent les lignes en question dans un certain but, se base entre autres sur ce fait que de pareilles annexes, fort déplacées et des renvois aussi irréguliers, furent composés en Finlande plus d'une fois après l'année 1863. Nous avons déjà eu l'occasion d'indiquer un renvoi irrégulier fait par la Diète au § 42 de la Forme du gouvernement de 1772. Citons encore un exemple plus simple d'un renvoi de ce genre tout aussi déplacé. En 1878, la Diète examinait le Règlement militaire et en établissant la forme du serment de conscrits, fit un renvoi au § 18 de la Forme de gouvernement de 1772, sachant très bien que le § 18 ne s'appliquait même plus en Suède, après 1789 et que pour les troupes finnoises, il existait un serment établi en 1817. C'est dans cette catégorie d'intercalations tendencieuses que rien ne peut justifier, qu'il faut classer le renvoi au § 6 de l'Acte d'Union et de Sécurité de 1789, fait dans le règlement du Grand-Duché de Finlande de 1886 (n° 22), lorsque les délégations provinciales reçurent le droit d'initiative en législation. Il ne fallait modifier par ce règlement que les §§ 51 et 52 du règlement de la Diète de 1869, mais en aucune manière le § 6 de l'Acte de Sécurité, dont auparavant il n'était même pas question dans ce règlement.

Dans le courant de la même année 1886, dans un décret du Grand-Duché de Finlande du 5 août (n° 28), concernant l'abrogation de l'impôt sur les biens vacants, un renvoi fut fait au § 18 de la Forme de gouvernement de 1772 ; mais, lorsqu'en 1883 on avait abrogé cet impôt en Ostrabothnie, le Sénat finlandais n'avait nullement jugé nécessaire de faire le renvoi susmentionné et avait trouvé possible d'effectuer cette abrogation sans la coopération des délégations provinciales. (*Bulletin des lois du Grand-Duché de Finlande* de 1883, n° 38). Et en effet le renvoi est déplacé et il n'y a pas de raison pour soumettre cette question concernant l'impôt sur les biens en vacances à « l'assentiment » de la Diète. Déjà en 1878, le vice président du Sénat, baron Nordenstam, avait fait observer que le droit de disposer de l'impôt de vacance appartenait exclusivement au gouvernement et non à la Diète et que dans le cas d'abrogation de cet impôt, la question des ressources pour couvrir les besoins militaires devait dépendre exclusivement des délégations provinciales, tandis que l'Etat serait privé, en même temps, de l'impôt qu'il avait à sa disposition (1).

Vu l'inconséquence que nous avons signalée dans l'annexe au règlement de la Diète, en ce qui concerne le renvoi aux lois de 1772 et 1789, il n'importe guère de s'en tenir à la lettre exacte de cette annexe et de reconnaître qu'elle maintient intactes toutes les prérogatives inhérentes au pouvoir souverain. Or, on sait que le règlement de la Diète est déclaré loi fondamentale (2).

Il n'est donc pas du tout juste de tirer de l'annexe en question, cette conclusion qu'en 1869 l'Empereur Alexandre II aurait confirmé de nouveau la validité des lois fondamentales de 1772 et 1789 pour la Finlande et qu'il aurait, en conséquence, gouverné le pays en limitant Son pouvoir Souverain. Pour mieux comprendre la manière dont l'Empereur Alexandre II envisageait ses droits, citons à ce propos quelques paroles de son discours aux Polonais : « J'aime également tous Mes sujets, Russes, Polonais, Finlandais, Livoniens et autres : ils Me sont tous également chers ; mais jamais Je ne souffrirai qu'on admette l'idée que le royaume puisse se séparer de l'empire et exister sans lui. Il fut créé comme tel par un Empereur de Russie et il se doit à la Russie » (3).

Citons encore les paroles du rescrit Impérial du 15 (27) mars 1872 adressées aux députés de la Diète ; « Nous n'avons pas l'intention de céder un seul des droits qui Nous sont arrogés par les lois ». — Enfin, est il possible d'admettre que l'Empereur Alexandre II sanctionnât ou reconnut les lois fondamentales

(1) Recueil des matériaux pour la composition et la révision des statuts militaires en Finlande ; St-Pétersbourg, 1899, pages 39-40 et 42.

(2) C'est précisément dans ce sens que la conclusion du règlement de la Diète fut expliquée par le ministre de la justice N. A. Manasséine. (Communication du 11 octobre 1890, n° 27263, page 21), le directeur en chef de la section de codification, le secrétaire d'Etat Ed. W. Frisch (1er août, 1890, n° 25, page 9), le sénateur S. N. Tagantzeff (annales juridiques, 1891, page 154) et nos autres juristes d'Etat.

(3) « Rousskaïa Starina », 1893, III.

d'autrefois, puisque dans le discours du trône, par lequel la Diète de 1867 fut ouverte par ordre de Sa Majesté Impériale, on attirait l'attention des délégations provinciales sur l'incompatibilité des anciennes lois fondamentales du Grand-Duché avec la marche des affaires publiques depuis l'annexion de la Finlande à l'Empire (1).

Le Sénat finlandais cite deux documents du temps de l'Empereur Alexandre II et un du règne de l'inoubliable Tsar Pacificateur Alexandre III, dans lesquels il est fait mention des lois de 1772 et 1789 ; mais d'autre part il passe sous silence toute une série de faits indiquant que les monarques en question ne reconnaissaient aucunement, dans leur conduite à l'égard de la Finlande, que leur pouvoir Souverain put être limité quant à ces mêmes questions pour lesquelles, selon l'avis des Finlandais, il aurait été nécessaire de se conformer aux exigences des anciennes lois fondamentales de la Suède. Nous avons eu déjà l'occasion de faire observer que, contrairement au § 1 des statuts généraux de 1442 (2), défendant au roi d'amoindrir les terres de son gouvernement pour un autre roi, l'Empereur Alexandre II, le 15 février 1864, a daigné ordonner de séparer du gouvernement de Vibourg le canton de Sestroretzk de la paroisse de Kivinebe, et de l'annexer au gouvernement de Saint-Pétersbourg (3).

Il faut encore ajouter qu'en 1889, l'administration communale du village de Raïvola fut subordonnée à la juridiction de la chambre du conseil du gouvernement de St-Pétersbourg (4).

En 1867, il fut annoncé que ; « Par ordre Souverain aux délégations provinciales réunies dans l'année courante, Nous avons communiqué le projet d'une ordonnance concernant la liberté de la presse et les conditions dans lesquelles on en jouirait ; mais les délégations provinciales n'ayant pas exprimé,

(1) Ordonnances du Grand Duché de Finlande, 1867, n° 12, page 3.
(2) Voir le Recueil des lois fondamentales, édition de K. Iacouboff, 1889, page 2.
(3) Troisième Recueil complet des Lois, n° 7775.
(4) Ordonnances du Grand-Duché de Finlande. 1864, n° 5.

dans leur réponse au Souverain, le désir d'accepter le projet indiqué, conformément à la condition énoncée dans Notre proposition et selon le droit Nous appartenant de résoudre toutes les questions qui concernent la presse et de la surveiller, Nous statuons Souverainement ce qui suit »... (Ensuite vient un exposé de la loi de la presse), c'est-à-dire malgré que la Diète refusât d'accepter le règlement de la presse, celui-ci fut publié comme loi pour la Finlande et y reste en vigueur jusqu'aujourd'hui avec quelques additions (1).

Deux exemples encore. En 1867, la même Diète fut chargée d'examiner le règlement concernant l'institution d'Administration Principale du département scolaire en Finlande. La Diète fit connaître son opinion sur cette affaire. Au bout d'un an, le règlement fut sanctionné par le pouvoir Souverain, mais sous une forme considérablement modifiée en comparaison du texte adopté par la Diète et il fut publié comme règlement promulgué par voie administrative (2).

En parlant du cas que l'Empereur Alexandre II faisait des lois fondamentales de 1772 et 1789, on peut encore signaler le Manifeste Impérial du 23 novembre 1872, dans lequel il est dit : « Nous conservons le droit de disposer des droits de timbre et d'enregistrement comme des autres revenus civils de l'Etat dans l'intérêt et pour le bien du Grand-Duché » (3). Cette déclaration a été également provoquée par des sollicitations mal fondées émanant des délégations provinciales de cette contrée. Ainsi, les questions de presse, d'administration scolaire, du gouvernement de Viborg, des droits du timbre et autres furent résolues par l'Empereur Alexandre II non pas en conformité des lois fondamentales de Suède, mais « conformément aux devoirs de la dignité Souveraine » du Monarque de l'Empire. Pour comprendre comment nos Monarques envisageaient le rôle de

(1) Ordonnances du Grand-Duché de Finlande de 1867, n° 15, Edv-Berch. Finlands stats. utv., 1889, page 90.
(2) Berch ; page 91, Ordonnances du Grand-Duché de Finlande de 1869, n° 26.
(3) Ordonnances du Grand-Duché de Finlande de 1872, n° 38.

la Diète en matièce de législation, on peut encore puiser une indication très caractéristique dans le discours solennel de l'Empereur Alexandre III par lequel il fit ouvrir la Diète en janvier
1894 à Helsingfors. En soumettant à l'examen des autorités provinciales du pays le projet du nouveau Code pénal, l'Empereur
ajoutait que ce « projet de loi leur serait remis après avoir
été rédigé définitivement » (1).

Or, si l'on en croit les Finlandais, une loi examinée par la
Diète « ne devrait être sanctionnée et publiée que dans les conditions d'une conformité complète avec le texte agréé par les
délégations provinciales ». Nous avons vu que cela n'a pas eu
lieu lors de la promulgation des lois concernant l'institution de
l'Administration Principale du département scolaire, ainsi que
dans le cas du nouveau Code pénal et dans d'autres circonstances analogues.

Une étude spéciale a paru en Finlande en 1881 sur le droit
des représentants du peuple de prendre part à la législation
scolaire et les délégations provinciales présentèrent (en 1872)
une pétition spéciale au sujet de la même question (2).

Ces faits n'ont pourtant aucune importance, puisque les statuts scolaires de 1843 et 1866 ainsi que celui de 1869, ont été
sanctionnés pour les écoles finlandaises par le pouvoir Autocratique seul en sorte que la pratique même sanctionnée par les
Empereurs témoigne d'un état de choses contraire à tous les raisonnements des écrivains finlandais et aux interprétations du
Sénat. On peut aussi signaler des cas pareils sous le règne de
l'Empereur Alexandre III. Ainsi, par exemple, en 1888, la Diète
examina le projet concernant la réforme de la police rurale et
en 1891, parut une ordonnance Impériale (N° 5) sur ce même
sujet, sans aucune participation de la Diète. En 1879 (Voir le
N° 12 du Recueil des ordonnances du Grand-Duché de Finlande)
une loi concernant l'industrie dans le pays avait été publiée
avec la participation des délégations provinciales ; en 1892

(1) Ordonnance du Grand-Duché de Finlande, 1894, n° 13.
(2) Om standernas rätt till deltagande i skollagotiftningen, Helsingfors.
1881.

cette loi fut complétée par un règlement concernant la production de la margarine et ce règlement fut simplement confirmé par voie administrative, sur les instances du Sénat lui-même. Les raisonnements des Finlandais à propos de ce que les lois passées par la Diète doivent être absolument ratifiées dans le texte même adopté par les délégations provinciales, ne sont basés sur rien et la Diète extraordinaire essaye en vain de l'affirmer par sa décision (1). Il est un cas spécial dans lequel le pouvoir impérial sanctionne une loi en respectant le texte à la lettre, c'est le cas où il s'agit d'un projet émané de l'initiative des délégations elles-même conformément au § 51 du règlement de la Diète ; dans les autres cas le Monarque n'est pas lié par la lettre du texte. Le § 76 du règlement de la Diète exige que les décisions de celle-ci soient soumises à l'examen du pouvoir souverain, mais il n'y a aucune autre clause pareille à celles qui sont mentionnées dans le § 51 ; donc il est clair que l'Empereur a le droit, selon son jugement, de publier une loi tout à fait incompatible avec le texte agréé par les délégations provinciales (2).

L'affirmation constamment répétée par les Finlandais qu'une loi à l'élaboration de laquelle les Délégations provinciales ont pris part, ne peut être modifiée ou abrogée sans leur consentement, n'est également basée sur aucun argument valable. A l'appui de cette opinion, les Finlandais n'ont jamais indiqué aucun texte de loi (3), ce qui, dans le cas présent, serait pourtant nécessaire, car dans le règlement de la Diète il existe le § 75, réservant au pouvoir Suprême le droit d'exiger des Délé-

(1) Compte rendu de la Diète de l'année 1899, page 105.

(2) C'est à une belle conclusion qu'arriva le ministre de la justice N. A. Manasséine en 1890, en examinant en détail le règlement de la Diète. — N. A. Manasséine trouva que la Diète était une institution délibérative, excepté lorsqu'il s'agit de l'examen des questions sur la modification ou l'abrogation du règlement de la Diète (§ 83) et l'examen des projets de lois élaborés selon la proposition des classes (§ 51 du règlement de la Diète). Voir la réponse du ministre de la justice du 11 octobre 1890 n° 27262 au Général-Gouverneur de Finlande (page 23).

(3) Aperçu des lois fondamentales de Finlande, par L. Mechelin, 1898, page 41.

gations provinciales des opinions sur différentes questions d'administration. Ce règlement établit donc que pour la même question l'Empereur pourrait soit convoquer et interroger la Diète, soit régler l'affaire sans son concours.

Nous avons cherché à vérifier les arguments de la Diète de 1879 et du Sénat, tendant à prouver que la Finlande est un Etat à part, avec une « constitution » basée principalement sur la Forme de gouvernement publiée en Suède en 1772. Nous avons évité de soulever de nouvelles questions, quelles qu'elles fussent.

Pour conclure ajoutons quelques renseignements sur la question de savoir dans quelle direction les Finlandais ont tenté de développer leur « constitution ». Ces indications abrégées serviront de clef pour l'appréciation régulière de plusieurs q uestions qui sont objet de litige entre nous et les Finlandais.

XXXIII

DÉVELOPPEMENT DE LA SOI-DISANT « CONSTITUTION FIN-
LANDAISE » DEPUIS 1863 JUSQU'A 1900.

L'Empereur Alexandre Ier, en conservant à la Finlande sa
« constitution », c'est-à-dire son organisation d'autrefois, avait
certainement en vue l'annexion du pays à l'Empire de Russie
d'une manière stable et la consolidation des nouveaux liens politiques. Les Finlandais envisagèrent leurs privilèges tout autrement et surtout à partir des années soixante en profitèrent principalement pour se créer autant que possible un état de choses
indépendant et séparé de la Russie (1) et pour éloigner la
Finlande de la participation de la vie générale de l'Empire. En
décembre 1880, le parti libéral suédois publia dans le journal
« *Helsingfors Dagblad* » son programme, qui illustre le mieux
possible les vraies aspirations des personnes qui dirigeaient « la
politique du pays ». Nous désirons pour notre pays — lisait-on
dans le programme — un système constitutionnel plus stable et
plus défini. Nous devons chercher à obtenir : 1° la réduction des
périodes de la Diète jusqu'à deux, trois ans au plus et du droit
de motion, c'est-à-dire du droit pour les Délégations provinciales de porter à la Diète les propositions concernant les nouvelles lois; 2° la liberté de la presse; 3° l'élargissement du pou-

(1) OEuvres complètes de Snellmann, 1895, vol. VI, page 617.

voir des Délégations dans les affaires d'économie politique, afin
que toutes les dépenses du budget dépendent des Délégations
provinciales et qu'aucun impôt ne soit établi par le seul pouvoir du gouvernement ; 4° une limitation plus grande et un contrôle de cette branche du pouvoir administratif qui empiète sur
la législation ; 5° une sanction plus définie des droits qui rè-
glent l'union de la Finlande à l'Empire, etc. ». Le parti
finnois ne voulait pas céder la primauté à ses adversaires politiques quant à la hardiesse des revendications ; c'est pourquoi,
lors de l'apparition du programme des libéraux, le parti finnois
ne manqua pas de le soumettre à une critique sévère, en exposant, à cette occasion, les services que lui-même avait rendus à
la patrie. Le représentant du camp des Finnomanes, Snellman,
démontrait alors qu'ils avaient été les premiers à se souvenir
des lois fondamentales du pays et les avaient traduites dans leur
langue, que le pays natal leur était redevable pour le discours
constitutionnel de 1863 et la convocation de la Diète (1). Déjà,
en 1848, les Finlandais s'étaient arrogé un « *hymne* national »
qu'ils chantent dans toutes les solennités locales, patriotiques et
nationales. En 1863, les Finlandais soulevèrent officiellement la
question d'accorder à la Finlande un *drapeau* de commerce spécial. Le prince Gortchakoff se prononça alors contre cette demande. Et, en effet, il serait bizarre de nier que les navires finlandais ne sont, dans les relations internationales, qu'une partie
de la flotte commerciale de la Russie. N'ayant pas obtenu leur
pavillon, les Finnois, malgré cela, adoptèrent leurs couleurs nationales, couleurs soi-disant d'« État de Finlande » (d'abord blan-
che-bleue et plus tard rouge-jaune). Dans le « *Nya-Pressen* », de
1896 (N° 153), on peut lire, par exemple, ce qui suit : « Le jour
de l'inauguration du monument de Patius, le nouveau drapeau
projeté de Finlande jaune-rouge, avec le lion finlandais dans le
coin, flottait au-dessus des autres ». Comme la couleur bleue était
déclarée couleur nationale, elle fut admise dans l'équipement des
troupes finnoises. L'idée d'avoir un pavillon de commerce spécial naquit pendant l'insurrection de Pologne (de 1863), qui fut
sur le point d'entraîner la Russie à une guerre avec les puis-

sances d'Occident. Les Finlandais voulaient faire distinguer par un pavillon à part leur flotte de commerce de celle de la Russie, pour la protéger du danger qui la menacerait en cas de guerre. La question concernant le pavillon fut débattue avec animation par la presse, et la gazette la plus renommée du pays, « *Helsingfors Dagblad* », était non seulement pour le pavillon à part, mais aussi pour des *consuls* finlandais spéciaux. En outre, le 15 avril, le « Helsingfors Dagblad » débutait, pour la première fois, avec un article demandant *la neutralité* de la Finlande (1). Cette idée ne fut pas suffisamment critiquée alors par l'opinion publique du pays, car la question concernant la neutralité de la Finlande fut mise à l'ordre du jour pour la seconde fois après l'affaire du Kouchka (en 1885), lorsqu'on attendait la déclaration de guerre par l'Angleterre. Après le « *Helsingfors Dagblad* », les « *Nouvelle d'Abo* » (*Abo Underrättelser*), avaient essayé, dans les numéros 65 et 98 de 1863, de populariser le plus possible les idées concernant le pavillon et la neutralité. D'après les articles de ces « Nouvelles », on voit que le danger de guerre étant passé, les questions soulevées ne furent cependant pas abandonnées : les Finlandais voulaient que leur idée concernant la neutralité du Grand-Duché fût examinée et réalisée à l'un des congrès étrangers qui devaient avoir lieu. Quant au pavillon de commerce, on croyait pouvoir trancher la question dans un moment critique, sans autre sanction spéciale. Les « Nouvelles d'Abo » annonçaient qu'on avait déjà vu le pavillon nouvellement projeté dans quelques ports étrangers et sur quelques navires d'Ostrabothnie. Les gazettes finlandaises conjuraient tous les habitants du pays d'exprimer leur sympathie au nouveau pavillon et demandaient qu'il flottât sur chaque navire et sur chaque perche. L'opinion publique du pays se prononça naturellement pour le pavillon.

Dans les sphères officielles (comme l'atteste le Gouverneur-Général Rokassovsky), on demandait successivement des privi-

(1) J.-W. Snellman, par Rein ; 1899, vol. II, page 388.

lèges de peu d'importance qui tendaient cependant à séparer la contrée ; loin du monde officiel on faisait des innovations arbitraires, qui avaient pour but de fortifier la situation « d'Etat » de la Finlande vis-à-vis de l'opinion publique. Dans les années soixante-dix, à l'époque où l'on écrivait particulièrement souvent au sujet de l'union de la Russie et la Finlande, les gazettes de Helsingfors s'efforcèrent d'introduire dans l'usage général le mot « international » lorsqu'il s'agissait d'affaires communes russo-finlandaises. Ainsi, par exemple, la question concernant le service militaire était qualifiée d'internationale et unionale. Les commissions organisées à Saint-Pétersbourg, au sujet des questions concernant les pilotes et la douane portaient aussi le nom d'internationales (1). Les questions sur les relations de la Finlande avec l'Empire concernaient, disait-on, « la politique étrangère » (2). En souvenir de la « solennité nationale » du 17 avril 1894, c'est-à-dire du jour de l'inauguration du monument de l'Empereur Alexandre II à Helsingfors, le Sénat finlandais frappa une médaille. D'un côté de cette médaille figurent : le monogramme « A. II » et les armes de la Finlande, et de l'autre — est placé le portrait en profil de l'Empereur, avec cette inscription au-dessous : « Alexandre II ». Autrement dit, rien sur la médaille n'indique d'une manière précise que la Finlande fit partie de la Russie.

En même temps que la question du pavillon et de neutralité dans la même année 1863, on mit en avant la nécessité de séparer les contingents de Finlande de l'effectif de l'armée russe. Cette idée naquit à la rédaction de la gazette libérale « *Helsingfors Dagblad* » et fut acceptée par les « *Nouvelles d'Abo* » (1863, n° 66). On voulait avant tout que l'armée du pays fût organisée conformément aux exigences de la « Constitution ». D'après les *Nouvelles d'Abo*, d'impérieux motifs rendaient nécessaire cette réforme : on se plaignait que les troupes finnoises fussent à la disposition du ministre de la guerre de l'Empire, qu'on les fit

____

(1) « Helsingfors Dagblad » de 1874, N. 356 ; 1877, N° 1.

(2) *La Diète finlandaise, de 1863 à 1864,* par Golovine ; Saint-Pétersbourg, 1865, page 3.

souvent (?) sortir des limites du pays, que l'on fit transférer
les officiers sans difficulté dans les troupes russes, etc. Tout
cela ne plaisait pas aux hommes publics de Finlande, qui sou-
tenaient que par suite de cette situation, les troupes finnoises
n'étaient pas suffisamment populaires dans le pays. Si l'on
avait la garantie que la Finlande ne serait jamais entraînée dans
une guerre contre sa volonté pour des intérêts étrangers (c'est-
à-dire russe), que son armée ne serait pas menée dans les
pays étrangers et qu'elle n'aurait pour mission que de défendre
la terre neutre de Finlande, cette « armée » jouirait certainement de sympathies plus grandes et le peuple dépenserait plus
volontiers les moyens nécessaires à son entretien. « Espérons,
ajoutait le journal, que la Diète prendra cette affaire en ses
mains et lui donnera la direction voulue » (1).

En 1878, lorsque les délégations provinciales furent chargées
d'examiner le Réglement militaire, elles ne tardèrent pas en
effet à prendre soin tout d'abord de créer en Finlande une
armée à part, destinée exclusivement aux besoins de cette
contrée. En même temps, la Diète fit son possible pour régler
la partie militaire de l'administration dans un sens constitutionnel. Le même but fut aussi poursuivi par les représentants
finlandais à la Diète extraordinaire de l'année 1899.

L'idée d'organiser en Finlande une armée à part avait déjà
été exprimée en 1810 par Gustave Armfeldt et ses amis
(Schernwal, Aminoff et autres). Ils désiraient avant tout que
l'armée nationale finnoise servît « exclusivement la Finlande » ;
ensuite ils comptaient que si les troupes finnoises existaient, les
régiments russes cantonnés dans le pays devraient ou bien s'en
aller, ou bien diminuer leur effectif, et que ceux de ces régiments
qui resteraient néanmoins en Finlande seraient renfermés dans
des forteresses ; troisièmement, que la création d'une armée à
part relèverait l'esprit national et la tendance du peuple finnois
à l'indépendance. « Le temps est venu de choisir entre le sort
d'une province ou celui d'un État indépendant..... la continua-

(1) *Abo Underrättelser*, 1863, n° 66.

tion de l'occupation étrangère qui jusqu'ici a été la conséquence inévitable de la guerre, prouverait à la longue que la Finlande serait exclue pour toujours du nombre des nations et que son importance et « son existence en seraient amoindries » (1). Aminoff trouvait que la Finlande n'ayant pas sa propre armée perdrait son importance morale et « son existence politique » (politiska existens) et ressemblerait aux juifs qui sont étrangers pour tout le monde. En même temps, il craignait que les Finnois « fussent condamnés à prendre part à la défense de l'Empire » (c'est-à-dire de la Russie), qu'ils eussent à servir dans l'armée russe et que par conséquent ils fussent incapables de maintenir leur nationalité, que l'esprit de leur civisme serait corrompu et les forces du peuple épuisées ; tout ceci provoquerait un découragement général et aménerait l'émigration (2). A la première diète, à Helsingfors (en 1863), on souleva la question de la responsabilité de l'administration locale, c'est-à-dire du Sénat devant la Diète, afin de réserver aux délégations provinciales un contrôle complet sur les finances du pays. En même temps on présenta une pétition pour permettre aux autorités provinciales d'élire un gardien spécial des lois qui eût accès immédiat auprès du Monarque et qui donnât à la diète un compte rendu de son activité (3).

Le sénateur Gripenberg inséra à ce sujet dans la gazette officielle de Finlande « *Almanna Tidning* », (1864, n° 89), un grand article dans lequel entre autre il écrivait : « Nous ne pouvons nous défaire d'un sentiment d'étonnement en voyant avec quelle persévérance les quatre ordres insistent sur l'élargissement de leur pouvoir actuel, tandis que cette diète ne nous est accordée qu'après un intervalle de cinquante ans et avant que nous n'ayons reçu l'assurance que la convocation de la diète se répétera périodiquement ».

« Les délégations à la Diète se sont posé pour but de solliciter

(1) *Armfeldt*, par El. Tegner (en suédois).
(2) F. Hartman. *De tre gustavianerna, Helsingfors*, 1899, pages 353 et 361.
(3) W. Golovine, *La Diète finlandaise*, 1863-1864. — Saint-Pétersbourg, 1865, page 42.

le renouvellement périodique des diètes, la concession du droit
d'initiative en législation, la participation à la législation en
matière de douanes ; elles exigent que toute l'administration
financière passe entre leurs mains ; elles veulent modifier les
lois qui concernent les devoirs des conseillers du Monarque,
c'est-à-dire les rendre responsables devant la diète ; en un mot
elles veulent ôter au Monarque les prérogatives du pouvoir
réservées à Sa Majesté par les lois fondamentales existantes ;
et tout cela malgré que Sa Majesté ait nettement déclaré sa
volonté de se réserver l'initiative législative dans toutes les
questions concernant les lois fondamentales.

« Quoique ces exigences des délégations fussent revêtues
d'expressions de loyauté, néanmoins leur véritable but n'a pu
passer inaperçu et nous ne pouvons absolument pas comprendre
comment les représentants de la Finlande ont pu espérer qu'en
agissant de cette manière ils gagneraient la confiance du
Monarque, sans lequel ils ne peuvent évidemment rien faire
d'utile pour le pays. Est-ce par cela que les Finlandais prouve-
ront leur reconnaissance, exposant témérairement au danger
leurs intérêts les plus sacrés et s'efforçant uniquement de
satisfaire leur orgueil en se targuant de leur situation actuelle,
comme si réellement ils ne la devaient qu'à eux-mêmes » (1).

En 1885, on proposa aux Finlandais de codifier leurs lois
fondamentales. Profitant de cette occasion, ils inventèrent
(dans le comité de Weissenberg) une nouvelle forme d'Administration, où ils s'efforcèrent non seulement de limiter le pouvoir souverain, mais de déduire toutes ses prérogatives des
droits des rois suédois d'autrefois. Pour cela ils eurent recours à

---

(1) Fh. Eleneff. Doctrine de l'Etat finlandais, St-Pétersbourg, 1893,
pages 72-73. Au sujet de la déclaration de Gripenberg, on se souvient de
celle de A. Mörman : « Nous fûmes trop entreprenants, ce qui fait notre
malheur. Ceux qui déclamaient à propos hors de propos (comme, par
exemple, L. Méchelin) de notre autonomie ont rendu un mauvais service
au pays... Le jeune parti finois est particulièrement naïf. Il raisonne
comme si nous avions un gouvernement parlementaire et il dit que si nous
ôtons la confiance au gouvernement, il périra ! » Voir *Finska Studier
afottov*. *Zweigbergk, Stockholm*, 1894.

un procédé tout simple. Le comité de Weissenberg se basant, par exemple, sur ce fait qu'en Suède, du temps de Christophe, il n'y avait qu'un roi et en se référant aussi à la loi de 1442, en conclu que l'Empereur et Grand-Duc gouverne seul la Finlande, c'est-à-dire « à part de toutes les institutions d'Etat et de tous les pouvoir de l'Empire ».

« Le pouvoir suprême », par rapport à la Finlande, fut considéré par le comité comme un Grand Duc de Finlande « séparé de l'organisme de l'Empire ». Ensuite, se basant sur la Forme de gouvernement de 1772 dans laquelle il a été fait mention (dans le paragraphe 37) du personnel et des droits du gouvernement temporaire institué en cas de maladie, de minorité ou d'un long voyage du roi de Suède, le comité voulait établir un pouvoir suprême dans le Sénat local, en attribuant à cette institution le droit de représenter l'Empereur et Grand-Duc pendant son absence du pays (1).

Dans les années quatre-vingt, les Finlandais, à l'époque de l'élaboration du nouveau Code pénal, attaquèrent les relations internationales de la Russie avec les puissances étrangères en prétendant détacher les intérêts de la Finlande de ceux de la Russie. Quelque temps après la gazette *Uusi Suometar* (en février 1898) déclara qu'il était nécessaire à la Finlande d'élargir son influence sur les affaires de la politique étrangère et pour cela il fallait attacher aux ambassades russes et à nos consulats étrangers « des jeunes gens doués de nation finnoise » (2). En même temps, les Finlandais disaient de plus en plus souvent que toutes les charges et tous les emplois dans le pays devaient se trouver exclusivement entre les mains des Finlandais nés en Finlande. De plus, ils faisaient le projet suivant : « que tout acte renfermant un arrêté de l'Empereur et Grand-Duc fût considéré comme non valide s'il n'avait pas été contre-signé par le

(1) Conclusion de la codification (1ᵉʳ août 1890 (n° 25). Et des semblables déclarations absurdes du comité de Weissenberg acquièrent des partisans et se répètent jusqu'à nos jours. Voir, par exemple, « Hufvudstadsbladet » 1900, n° 233.

(2) *Nouveau temps*, 1898, du 1ᵉʳ février, n° 7878 et *Sviète*, 1898, n° 41.

secrétaire d'Etat » qui « doit être finnois né en Finlande » (1).

Mais les Finlandais ne se bornèrent même pas à cela. En mars 1898, on examinait dans la presse locale cette question : la Finlande a-t-elle besoin de l'introduction du régime parlementaire ? (2). Il reste encore à dire que dans les librairies de Helsingfors, on vendait, à partir du mois de décembre 1895, une collection de photographies « des souverains du Grand-Duché » (Storfurstendomet Finlands monarker).

C'est dans cet esprit que les Finlandais élargirent systématiquement et avec persévérance les droits, qui ressortaient, selon leur opinion, de la soi-disant « Constitution » du pays et de sa situation séparée.

Peu à peu germa un esprit de patriotisme local séparatiste, que l'on s'efforça de développer et de maintenir principalement au moyen des « Récits du lieutenant Stol », poésies patriotiques de Runeberg, dont le sujet est emprunté à la guerre de 1808-1809 qui finit par la conquête de la Finlande. Souvent on rencontre dans ces poésies, les descriptions de victoires des Finnois sur les Russes et des épithètes bien peu flatteuses, données aux troupes russes (3). En conséquence ils érigèrent chez eux deux monuments de granit (en 1885), en l'honneur des victoires finnoises sur les troupes russes ! C'est dans cet esprit que les Finlandais s'évertuèrent à écarter systématiquement les Russes, partout où cela était possible, dans toutes les sphères de l'activité publique.

Pour se faire inscrire en Finlande, les sujets russes sont obligés de faire une déclaration spéciale et un versement de 1000 roubles au profit des pauvres, etc. (4).

Par le règlement de 1868 (No 15) il fut établi qu'il n'y a que les « sujets finlandais » qui puissent éditer des journaux dans le Grand-Duché de Finlande ; d'autres règlements interdisent

(1) Le projet de la *Forme de gouvernement* élaboré par le comité de Weissenberg en 1889, § 17.
(2) Article du Baron Wrédé.
(3) L'exception fait une poésie sur le général Koulneff.
(4) *Corps des lois*, vol. IX, page 312 (supplément).

aux Russes la construction de chemins de fer dans le pays (1889, N° 16) ; limitent la pratique des médecins russes en les condamnant, au cas échéant, à des amendes supérieures à celles qui menacent les médecins finlandais (1890, N° 8, §§ 8, 11, 14) ; le règlement du pays ne permet pas aux capitaines des navires marchands et aux mécaniciens russes, de servir sur les bateaux à vapeur finlandais (1890, N° 18, § 13) ; le règlement de 1879 interdit à nos sage-femmes toute pratique ; les personnes de religion orthodoxe ne peuvent pas enseigner l'histoire dans les établissements d'instruction en Finlande (1889, N° 33); les officiers russes ne peuvent pas servir dans les troupes finnoises (1878, N° 25, § 120) etc. Ajoutons à ceci que le Sénat local a le droit de nommer des fonctionnaires à toutes les petites places du pays, ce qui mène aussi, en pratique, à ce fait que les gens ayant des points de vue russes, ne sont certainement admis nulle part. (Règlement du Grand-Duché de Finlande, 1896 N° 21, § 2).

L'histoire des velléités constitutionnelles des Finlandais présente une page éclatante et caractéristique dans la question de l'introduction du service militaire obligatoire dans le Grand-Duché. Le ministre de la guerre, comte Milutine, trouvait que comme base du Code militaire de la Finlande devaient être posés les principes suivants : la Finlande ne doit pas « chercher tous les attributs du gouvernement séparé et indépendant » par conséquent elle ne peut avoir « une force armée séparée », et ses troupes doivent être soumises au ressort administratif de la circonscription militaire, ainsi qu'à celui des tribunaux militaires ; elles doivent être composées d'officiers finnois et russes et être employées selon la décision de Sa Majesté, en temps de paix et de guerre dans l'Empire même, ainsi que hors de ses frontières ». La Diète finlandaise profita de ces indications précisément en sens contraire, c'est-à-dire qu'elle les envisagea comme des exigences qui ne devaient être prises en considération en aucun cas. Les Finlandais déclaraient, d'après cette thèse, que l'organisation militaire du pays devait être réglée exclusivement de manière à ce qu'elle pût correspondre à la

« nature unionale » du Grand-Duché, comme le déclara le journal « *Helsingfors Dagblad* » (1877, N° 1). La manière dont les Finlandais comprenaient le but et la destination de leurs troupes, apparaît surtout dans les discours qui furent prononcés par leurs députés à la Diète des années 1877-1878, lors de l'examen du projet de règlement militaire.

« Le trône peut se trouver en danger soit dans les montagnes du Caucase, soit dans les plaines de la Pologne ou sur les rivages de la Finlande, mais on ne peut faire sortir l'armée de Finlande sous aucune condition », disait Eklund. « L'organisation militaire finnoise ne peut pas avoir d'autre but que de défendre son propre pays » ajoutait Schauman. « Lorsqu'on me demande si je désire faire le service militaire pour défendre une « puissance » (la Russie) et afin de protéger la patrie d'un autre peuple (c'est-à-dire du peuple russe) et les intérêts politiques des autres pays (non finlandais), je dois déclarer ouvertement : non ! Nous pouvons défendre notre pays et nous voulons rester chez nous et ne pas quitter notre pays natal » dit R. Hartman. « La défense personnelle c'est tout », « le service militaire général ne peut exister pour un autre but que celui de la défense du pays natal ; sous le mot « trône » on peut sous-entendre seulement le gouvernement légal de Finlande ; lorsqu'on dit que l'armée finnoise défendant la Finlande concourt à la défense de l'Empire, cela veut dire que l'armée finnoise ne doit en aucun autre cas défendre l'Empire », expliquait K. Mecheline dans ses nombreux discours. « L'armée, dont on parle ici (à la Diète) « ne peut sortir du pays » soutenait le colonel K. Antel. L'esprit d'opposition de la majorité des députés à l'égard des intérêts de la Russie amena trois Finlandais à faire ouvertement des déclarations qui permettent d'éclaircir encore davantage les vraies aspirations des représentants du peuple finlandais à la Diète de 1877. « Nous, les fils de la Finlande, n'admettons pas la possibilité d'être employés sur n'importe quel théâtre de la guerre », disait Snellman. « Ici même on s'est déclaré exempt de toute solidarité avec le pays (la Russie) qui depuis plus d'un demi-siècle nous a protégé contre toutes les attaques étrangères » disait le comte Kronhelm. « La mère aurait soigné et élevé l'enfant, pour que celui-ci se détourne d'elle, ne voulant pas partager son sort ». Dans ce dernier sens s'exprima aussi le député Hodenhelm. Selon l'avis de Montgoméry, l'un des députés (Silversvan) en proposant son propre système d'organisation de l'armée finnoise « voulait trouver dans l'organisation même un obstacle irrésistible, à ce que l'armée finnoise pût être employée à autre chose qu'à la défense de son propre pays ». « La Russie peut se voir obligée de résoudre par la force armée divers conflits qui n'ont rien de commun avec les intérêts de la Finlande » et dans ce cas, écrivaient les Finlandais pendant la Diète, il est injuste de les envoyer mourir dans la lointaine Arménie ou à Khiva. La Finlande, disaient-ils, n'est pas tenue à une solidarité illimitée, en ce qui concerne la Russie, elle n'est pas obligée de participer activement à toutes les guerres de l'Empire, parce que cela pourrait mener à l'épuisement de la Finlande sans aucun intérêt pour elle. Vu les conditions du moment, la gloire des victoires et le butin des batailles appartiendraient aux drapeaux impériaux (1). « Il est regrettable de convoquer la jeunesse pour se battre dans des buts qu'elle ignore et contre des ennemis dont l'hostilité lui est inconnue ». En créant « l'armée finnoise » uniquement pour les besoins du Grand-Duché, les délégations provinciales prirent soin, en même temps, que cette armée fût organisée sur les bases constitutionnelles et que l'autorité sur elle passât des mains des Russes dans celles des Finlandais. « Jusqu'à présent, disait par exemple Montgoméry, à la même Diète, l'état des affaires est tel que les questions les plus importantes sont soustraites à la décision des autorités finnoises, tandis que dans l'affaire du projet militaire finlandais, les choses s'organisent de telle manière que la volonté du pays ne sera pas ignorée dans les questions essen-

(1) Voir l'avis N° 1 de la commission de la Diète (années 1877-1878) (pages, 47 et suiv.) ; et aussi l'ouvrage du professeur Hermanson : *L'État gouvernemental et juridique de Finlande*, St-Pétersbourg, 1892, livraison II, page 218.

tielles. » Le député Fabricius trouvait que les délégations provinciales ne devaient pas « laisser échapper cette occasion, peut-être unique, d'organiser les autorités militaires du pays sur une base constitutionnelle ».

Les désirs et les aspirations des délégations provinciales se manifestèrent d'une manière particulièrement précise, pendant les débats sur le § 122 du règlement « l'équipement et l'entretien de l'armée émanent exclusivement de Sa Majesté l'Empereur et Grand-Duc. Les dépenses à cet effet sont reportées sur les fonds généraux de la milice et l'excédent doit être couvert par des ressources allouées dans ce but par les délégations provinciales ». En expliquant les avantages d'un tel état de choses, L. Méchelin disait que le gouvernement ne peut pas assigner les ressources générales de l'Etat pour couvrir les dépenses militaires ; si le gouvernement en avait la possibilité, la Diète serait limitée dans son droit de fixer les dépenses militaires. Au point de vue constitutionnel, il est préférable que toute la somme demandée en sus de l'argent comptant du fond de milice, soit couverte par des ressources, qui seraient votées dans ce but par les délégations provinciales (selon le § 122 du Règlement militaire) et je suis persuadé, ajoutait Mechelin, que les délégations provinciales n'établiront pas un impôt constant, mais fixeront les impôts d'une Diète à l'autre » (afin de ne pas laisser échapper le pouvoir sur la force militaire du pays).

La Diète ne se borna pas à cela et en établissant qui doit désigner les ressources nécessaires pour l'armée, examina préalablement cette question : qui, de la Diète ou du Sénat, a plus de force pour réagir (contre le gouvernement russe) dans les cas où les exigences de ce gouvernement seraient excessives. Les opinions étaient partagées parmi les députés, les uns (par exemple Aug. Schauman) étaient de l'avis que le Sénat a plus de possibilité pour réagir ; les autres, se prononcèrent pour la Diète. « La Diète ne trouvera jamais de raison pour refuser les ressources dont l'armée aura besoin, mais le Sénat, connaissant la situation financière, est en état de le faire ». L. Mechelin rappela encore que l'effectif de l'armée est déterminé, ce qui trace la limite dans laquelle peuvent se faire les dépenses ».

Le baron Borne faisait observer que, plus tard, le gouvernement russe pourrait se mettre hors de toute dépendance des impôts extraordinaires fixés par la Diète et trouver les moyens d'y pourvoir de son propre chef : de sorte que même le droit de la Diète de voter les impôts extraordinaires n'était pas une garantie suffisante de ce que les Délégations provinciales seraient en état de tenir entre leurs mains le service militaire. Il reste encore à noter que la Diète, en 1877-1878, cherchait à avoir une armée à part comme attribut de l'Etat finlandais séparé. « L'introduction de cette loi (c'est-à-dire du règlement,) disait Montgomery, permettrait au jeune Etat finnois d'entrer dans une nouvelle phase de développement ». « Un bataillon finnois faisant partie de la garde impériale, ajouta Gadoline, ne suffit pas pour inspirer à la nation cette confiance en sa force qui est si nécessaire à son existence politique. Puisque notre pays forme un Etat à part et possède une constitution et des lois nous devons, en conséquence, organiser et maintenir à l'avenir une armée séparée ». « Pour pouvoir défendre sa situation comme Etat, la Finlande doit inévitablement avoir ses moyens de défense », insistait le colonel K. Antel. « Ce que nous devons faire avant tout, c'est de poser une solide pierre fondamentale de notre organisation d'Etat.... en créant des ressources fortes et utiles pour la défense », affirmaient Lagerborg et N. Nordenscheld. — « J'ai lu avec plaisir la proposition (à la Diète, pour examiner le projet du règlement), en y voyant un grand pas dans la vie politique de la Finlande de l'indéfini au défini », conclut B. Schauman. « A présent (après la remise à la Diète du Règlement militaire), — disait le député Iatinen, — nous avons une occasion de fonder notre existence nationale ». « En mettant le pays en état d'obtenir une force militaire suffiante, on reconnaît par cela qu'il est possible de mettre fin à l'état politique subordonné dans lequel le pays se trouvait jusquà présent » ; telle était l'opinion du lieutenant général d'état-major Alftan. Toutes ces paroles authentiques des représentants du peuple finnois sont si précises que, certainement, il n'est nullement nécessaire d'en donner des explications (1). Le Règlement passa. Des bataillons finnois et de la cavalerie il se forma, avec le temps, une armée tout à fait séparée de l'armée de l'Empire. Les Finlandais ne s'en contentèrent pas. Ils commencèrent à chercher à organiser une artillerie et une flotte (2).

En 1885, en élaborant le projet de lois fondamentales du pays, les Finlandais (à la commission de Weissenberg) essayèrent de compléter le Règlement militaire par les deux points suivants : 1° Les forces militaires de la Finlande devaient prêter serment à l'Empereur Grand Duc et *au pays* et, 2° on ne pouvait opérer le recrutement « sans le consentement des Délégations provinciales » (§§ 47 et 50 du projet de la Forme de gouvernement). Cependant ce projet ne fut pas sanctionné.

Pour pouvoir atteindre tous les résultats mentionnés ci-dessus, les Finlandais devaient mettre en jeu, selon l'aveu de leur historien Ed. Berg, « beaucoup de zèle, de précaution et savoir s'accommoder aux circonstances et faire preuve d'une extrême sagesse ». E. Berg, en racontant, par exemple, l'introduction dans le pays du système monétaire spécial, ajoute que l'Empereur (Alexandre II), comprenant en fin toutes les conséquences de la réforme et de l'impression qu'elles devaient produire en Russie, s'exprima ainsi : « On a escamoté Mon consentement » (3).

Il va sans dire que les précautions et le talent de savoir s'accommoder aux circonstances n'ont sans doute pas rendu un petit service aux Finlandais, surtout grâce à ce grand bonheur d'avoir auprès du trône le représentant du pays dans la personne du Ministre-Secrétaire d'Etat. En voici quelques exemples.

---

(1) Les débats à la Diète de 1877-1878, sur la question du service militaire furent si passionnés et prirent une telle direction, qu'on trouva nécessaire d'exclure tout à fait certaines déclarations des procès-verbaux du corps de la noblesse. Voir « Morgonbladet », 1877, 3 avril.

(2) Berättelse af Militie. — Expedition för 1877-1881 ; page 5.

(3) Ed. Berg. Vàr Styrelse och vâra landtdagar ; II, 405-406.

Pour ne pas donner l'occasion au gouvernement russe de se mêler de l'administration de la Finlande, le Secrétaire d'Etat, d'accord avec le Sénat, reconnut nécessaire d'exclure du « compte-rendu d'administration de la Finlande » destiné à l'Empereur (Alexandre II) tout ce qui indiquait l'exigüité des revenus de la Finlande, comparativement aux dépenses importantes qui étaient la conséquence de l'autonomie du pays ; on trouve bon, en général, d' « éviter les chiffres dans les comptes rendus de recettes générales et de revenus douaniers » (1).

Un autre exemple. L'Empereur Alexandre II exprima Sa volonté Souveraine pour que l'entrée des officiers russes dans les troupes finnoises fût facilitée par la suppression des formalités existantes. A ce sujet, on passa, en temps et lieu, diverses questions d'enquête. On voit, d'après la correspondance officielle, que l'affaire prit une tournure étrange. Selon les informations du Secrétaire d'Etat, il se trouva que l'incorporation des Russes dans les troupes finnoises ne pouvait se réaliser, parce qu'on n'avait pas publié les règlements leur permettant d'entrer au service dans les contingents finnois ; or ces règlements n'avaient pas été publiés parce que les militaires russes n'avaient pas encore commencé à prendre un service dans les troupes finnoises ! Et cependant au cours de cette correspondance, le Secrétariat d'Etat lui-même présenta à la sanction souveraine le Règlement militaire où un paragraphe (120) empêchait entièrement aux officiers russes de servir dans les troupes finnoises (2).

En octobre 1890, lorsqu'on dévoila les tendances de quelques articles du nouveau Code pénal, le Ministre-Secrétaire d'Etat écrivit une explication où l'on lit ce qui suit: si dans ce Code « il y a des règlements pouvant donner lieu à l'interprétation citée plus haut de la séparation des intérêts de la Finlande de ceux de l'Empire et de la mise de cette dernière au niveau des puissances étrangères, cette interprétation, qui sans doute ne

____

(1) « La limite finlandaise de la Russie » ; 1891, I, 43.
(2) La communication du Secrétariat d'Etat de l'année 1880, N° 87.

répond pas aux vues du législateur, ne peut guère provenir que d'un défaut de rédaction ».

Dans le cas cité, ce « défaut de rédaction » n'avait pas d'importance, mais il est hors de doute que d'importants services furent rendus à la cause du développement théorique de la soi-disante « constitution Finlandaise » par de semblables « défauts de rédaction », lors de la traduction de certains documents d'une importance de premier ordre dans les deux langues du pays. Ainsi, par exemple, les *manifestes* (des années 1825, 1856, 1881 et 1894) concernant le maintien de quelques droits particuliers et des privilèges finlandais, furent toujours traduits irrégulièrement par le mot « certification ». En outre, dans le manifeste du 25 octobre 1894, les mots « selon les *institutions* de ce pays » sont remplacés dans la traduction par les mots « selon les *constitutions* de ce pays ». De là il est résulté depuis longtemps une fausse interprétation, à savoir que ces actes remplaçaient les « serments et les certifications » (forsekring) du temps des rois Suédois. Grâce à cette manière de dénaturer les faits, les Finlandais, à présent, parlent et écrivent toujours de la constitution du pays certifiée par le serment des Monarques Russes. A la Diète de l'année 1900 le député Reuter s'exprima par exemple, ainsi : « Avant l'avènement au trône finlandais, les lois fondamentales furent assurées aux habitants du pays par une prestation solennelle de serment (före bestigande af Finlands tron, forme dels hogtidligen afgifven ed... ») (1).

Les Finlandais considèrent leurs droits comme le résultat d'une convention (2) qui aurait eu lieu entre le Monarque Russe et les représentants du peuple finnois. En partant de cette assertion, qui n'est basée sur rien, ils voient dans la « certification » dont nous avons parlé, un serment que « le Grand-Duc du pays » est obligé de porter à la constitution. Ils vont plus loin et mettent la « certification » du Monarque en connexion indissoluble avec le serment de fidélité du peuple et vont

(1) *Nya Pressen* de l'année 1900, N° 98.
(2) Les Finlandais oublièrent que Sprengtporten disait : « Le moindre privilège est un don gracieux du Monarque plein de bonté ».

jusqu'à émetltre cette opinion que le serment ne doit pas avoir lieu tant que la « certification » n'est pas signée (1).

En 1878, le Ministre-Secrétaire d'Etat présenta à la sanction Souveraine le Règlement militaire de la Finlande avec une requête de la Diète, demandant que quatorze paragraphes de ce Règlement fussent portés au nombre des lois fondamentales du pays. Préalablement à la sanction, Sa Majesté l'Empereur a voulu avoir sur ce sujet l'opinion du Sénat finlandais et du ministre de la guerre de l'Empire. Or, le Secrétaire d'Etat de la Finlande envoya au ministre de la guerre de l'Empire le texte du Règlement militaire sans la requête des Délégations provinciales, laquelle avait d'ailleurs été intentée irrégulièrement par la Diète et motivée artificiellement en vue d'assurer aux Délégations provinciales une influence décisive sur les questions militaires. Il était naturel de s'attendre à ce que le ministre de la guerre de l'Empire se prononçât contre une telle prétention de la Diète. Or, la requête ne lui ayant pas été communiquée, on devait nécessairement prendre son silence, à ce sujet, pour un acquiescement (2).

En 1877, le même Secrétaire d'Etat de Finlande, en envoyant (3) au ministre de la guerre le projet de proposition impériale à la Diète, suivi des projets de règlements militaire et disciplinaire, avait écrit ce qui suit : « Les règlements militaire et disciplinaire appartiennent, selon la législation fonda-

---

(1) « *La limite finlandaise de la Russie* », vol. III, pages 205-215. Et aussi : Finlands grundlagers innehall. L. Michelin. Helsingfors, 1896, pages 15-16. L'écrivain danois Knud Berlin conseille aux Finlandais de défendre le plus énergiquement possible l'acte de convention et la théorie d'union qui en dérive, car, de cette union, on peut facilement tirer des conclusions concernant la limitation du pouvoir Souverain, tandis que les droits de la province, quelle que soit leur étendue, ne sont pas aussi bien appropriés à ce but. (Dansk Tidskift et la gazette de Stockholm « Afronbladet », 1900, N° 177.

(2) Communication du Ministre-Secrétaire d'Etat du 14 juillet 1878, N° 511. Voir encore : *Recueil des matériaux pour la formation et la révision du Règlement militaire de la Finlande*; Saint-Pétersbourg, 1889; pages 60-68 et autres.

(3) Communication du Ministre Secrétaire d'Etat, du 3 janvier 1877, sous le n° 6.

mentale de la Finlande, à cette catégorie de lois dont la sanction n'exige pas qu'elles soient acceptées préalablement par les délégations provinciales à la Diète et dépend exclusivement du pouvoir souverain de Sa Majesté l'Empereur; mais, comme dans les lois militaires qui sont à présent en vigueur en Finlande, il se trouve des articles concernants, entre autre, la procédure, les pénalités et autres conséquences de diverses faits touchants également les personnes qui ne sont pas au service militaire... on a trouvé nécessaire d'élaborer le présent projet de loi à soumettre à la Diète pour l'abrogation de ces règlements. »

Il semblerait que depuis la sanction de ce projet, qui eut lieu en 1886, « conformément à la législation fondamentale de la Finlande », on n'aurait plus eu besoin de n'importe quelles motions de la Diète en matière de lois militaires. Cependant, le Sénat Finlandais, dans son rapport au souverain, en date du 29 mars 1899, écrivait : « Dans les pays où le système de service militaire général a été introduit et où la participation à la défense de la patrie est devenue le devoir de tous les citoyens, il en résulte naturellement que la publication du Code pénal et de la loi de procédure militaires ont dû passer du domaine de la législation administrative à celui d'une législation exigeant le concours de la représentation nationale, là où celle-ci existe en général; cela a également été le cas en Finlande... le Code pénal pour les troupes finnoises, tel qu'il existe à présent, a été promulgué avec le concours des délégations provinciales, selon les lois fondamentales ; or, cette loi ne pouvant être abrogée ou modifiée autrement que suivant l'ordre dans lequel elle a été publiée, le Sénat avait donc cru de son devoir d'élaborer un projet de proposition impériale à ce sujet (1) ». En lisant de pareilles explications, l'image du finlandais Johann-Reinhold Rehbinder se présente involontairement à la mémoire, lequel dans son testament, conseilla à ses compatriotes (encore en 1809)

____

(1) La présentation très dévouée du Sénat Impérial Finlandais, du 29 mars 1899, page 40.

de raisonner. « Raisonnons bien ou mal ; nos nouveaux maîtres (c'est-à-dire les Russes), ne sont pas encore familiarisés avec les mystères constitutionnels. Peu importe que notre déclaration cloche un peu ou non ; il ne faut qu'une chose : qu'elle ne détruise pas notre règle principale qui joue chez nous un rôle si important : *principiis obstat*, c'est-à-dire « c'est contraitre aux principes (1) ». En effet, les Finlandais raisonnent beaucoup et assidûment, sur les thèmes constitutionnels, dans la presse ainsi qu'aux Diètes. Aux dernières Diètes (surtout en 1894 et 1899) les autorités provinciales ne délibérèrent pas tant sur les affaires que sur les droits réciproques de la Diète et du pouvoir souverain. Quant au sens et à la direction de ces raisonnements, on en peut juger d'après les quelques exemples suivants : « On ne peut donner au gouvernement un pouvoir aussi grand que celui qui dérive du projet impérial », disait par exemple le baron Wrédé, à propos de la question de la margarine (en 1894). M. Lille (le rédacteur de la gazette *Nya Pressen*), se prononça aussi à ce sujet : « On a beau examiner la manière d'agir du gouvernement, dans le cas présent, il faut conclure qu'il a agi d'une manière non constitutionnelle ». En conclusion, Wrédé proposa : « Que Sa Majesté Impériale voulut bien abroger l'ordre en question » (de l'interdiction de la margarine). En examinant le nouveau projet du Code pénal et le manifeste du 1er décembre 1890, concernant la suspension de la mise en vigueur de ce Code, le même député baron Wrédé (professeur à l'Université d'Helsingfors), prouvait « qu'il ne fallait pas exécuter les décrets du souverain publiés sans le consentement de la Diète, si cette dernière avait le droit d'y prendre part ». Outre cela, Wrédé déclara que les juges finlandais qui n'obéiraient pas à ce manifeste et commenceraient à juger d'après le nouveau Code, malgré sa suspension, qu'ils considéraient comme illégale, étaient dignes « d'une grande reconnaissance et d'une profonde estime ».

---

(1) *Castrén Finska deputationen*, page 35 ; et aussi « *Conquêt de la Finlande* », par C. Ordine ; 11, 176.

Quand on examina, à la Diète, la question de la Banque, en 1894, le député baron Born, mécontent de la manière d'agir du gouvernement, dit entre autres : « Les causes du refus du gouvernement sont si légères, que si nos institutions étaient plus développées, le ministère qui aurait proposé une pareille mesure, aurait sans doute été l'objet d'un vote de méfiance de la part des représentants du peuple ». En même temps, L. Méchelin proposa de rédiger la décision de la Diète dans les termes suivants : « Les délégations provinciales décident... d'envoyer à Sa Majesté le Règlement de Banque dont il s'agit, en l'informant qu'il est entré incessamment en vigueur ». L'orsqu'à la même Diète de 1894, on examina les règlements concernant les esplanades de forteresses, quelques orateurs déclarèrent ouvertement que l'Etat finlandais n'avait besoin ni d'esplanades, ni de forteresses, et que si « le gouvernement russe » en avait besoin, il devait payer lui même pour l'expropriation des terres. Le baron Hissinger se prononça d'une manière plus précise encore : « Il me semble, dit-il, que nous sommes allé trop loin avec ces éternelles prétentions militaires, qui sont chez nous aussi immodérées que démesurées (1), et si l'on veut en effet ruiner le pays, le mieux serait de procéder précisément de cette manière. Nous nous sommes cependant soumis volontairement à tous ces sacrifices sensibles et nous nous sommes empressés d'aller audevant de tous les souhaits exprimés sur ce sujet. Je n'ai pas besoin d'en faire l'énumération ; casernes, bataillons de tirailleurs, tirs, nouveaux

(1) Les chiffres suivants démontrent comme cette déclaration est injuste. Du nombre des jeunes gens appelés, chaque année, à faire le service militaire, sont pris dans les rangs de l'armée, dans l'empire 36 0/0 et en Finlande 9 0/0 ; dans l'armée active se trouvent, de la masse principale de la population de l'empire 1,6 0/0, en Finlande 0,5 0/0; en cas de guerre la population originaire de la Russie doit mettre sur pied environ 5 0/0 de la population mâle et la Finlande environ 1 1/3 0/0. Donc la Finlande entretient de 3 à 4 fois moins de militaires que les autres parties de l'empire. De son budget général, l'empire donne pour la défense du pays, jusqu'à 28 0/0 et plus, et la Finlande seulement 16 0/0 ; dans la période de temps de 1862-1870, seulement 6,7 0/0. Professeur A.-M. Zolotareff, « *Matériaux de la statistique militaire de la Russie de l'année 1899* », et professeur A. Rediguer, « *Complétement et organisation des forces armées* ».

fusils, dépôts de cartouches, etc. ; avec tout cet argent, on aurait pu construire un nombre important de chemins de fer. Tandis qu'à présent nous sommes en danger de succomber sous le fardeau. Je pense donc que les forteresses doivent payer elles-mêmes cette « innovation » et ces dépenses, mais on ne doit pas charger le fisc finlandais de nouveaux fardeaux, qui peuvent devenir incalculables si un rang serré de forteresses, dont nous n'avons pas du tout besoin, borde petit à petit notre littoral, grâce à la moderne manie de forteresses et de cuirasses. (Protocoles de la Diète, page 1171.) »

Les Finlandais considèrent leurs délégations à la Diète comme le « second pouvoir gouvernemental » du pays. Ces dernières années, ce « pouvoir » se trouva en opposition permanente avec le gouvernement. Les délégations provinciales repoussèrent plus d'une fois les propositions du gouvernement et le pouvoir souverain refusa souvent de sanctionner les conclusions de la Diète. De là, surgirent et s'envenimèrent « les conflits constitutionnels », selon l'expression des orateurs de ce pays. La loi concernant la margarine, le Code pénal, le règlement des esplanades de forteresses, etc., tout cela faisait naître et allumait « les conflits ». Le plus grand d'entre eux, le soi-disant « conflit constitutionnel », a eut lieu après la Diète extraordinaire, et le land-maréchal de la noblesse trouva nécessaire d'y faire allusion dans son discours, lors de la fermeture de la Diète. Or, comme il n'y avait rien en réalité et qu'en somme il ne pouvait même exister aucun conflit réel, le gouvernement ne donna aucune suite à cette partie du discours. Peu satisfait de cette manière de traiter les affaires, un politicien finlandais (L. Méchelin), trouva bon de rappeler dans la presse (1), l'existence de ce soi-disant conflit, et il proposa en même temps au gouvernement de s'occuper de sa solution en soumettant à l'examen de l'assemblée des délégations provinciales, un projet de règlement concernant l'ordre de publication des lois, qui auraient un caractère également obligatoire

(1) *Finsk Tidskrift*, 1, 5-14, 1900.

pour la Finlande et pour l'Empire. Dans cette démarche le politicien en question voyait une noble tâche pour le gouvernement et il était sûr que les autres représentants du pays accueilleraient volontiers une pareille proposition. Vaines espérances !

Le manifeste du 3 février 1899 et son annexe, c'est-à dire « les Règlements fondamentaux pour l'élaboration, l'examen et la publication des lois qui concernent l'Empire, y compris le Grand-Duché de Finlande », ayant été promulgués d'une façon légale, il ne peut être question de les soumettre à l'examen du landtag provincial. D'un autre côté, la Diète extraordinaire se conduisit d'une manière fort peu convenable, en formulant par sa décision, empreinte d'un esprit d'opposition fort prononcé, le désir d'exprimer une « protestation contre la direction dans laquelle on voulait mener la politique russe en ce qui concerne la Finlande », pour nous servir d'une expression de ce même M. Méchelin (1).

A cetteDiète les délégations provinciales firent une nouvelle démarche dans le même sens anti-gouvernemental. On sait qu'après avoir arbitrairement examiné le manifeste du 3 février, lequel n'avait nullement été soumis à leur discussion et n'avait pas même été remis à la Diète, elles décidèrent que, « le manifeste et son annexe, ayant été promulgués sans le consentement des délégations provinciales et en général en dehors de l'ordre établi par les lois fondamentales du pays, ne pouvaient pas avoir force de loi en Finlande » (2). Pour la même raison ils refusèrent de délibérer sur la proposition Impériale concernant l'établissement des charges financières, occasionnées par le service militaire en Finlande sur un pied d'égalité avec celui de l'Empire, mais ils se prononcèrent pour la question de réforme du corps des cadets de Friedriksham, ce qu'on ne leur demandait nullement. Pendant les débats, les orateurs de la diète prononcèrent une série de discours qu'ils croyaient

(1) Voir les *Procès-verbaux de la chevalerie et de la noblesse*; 1899, p. 82 (en suédois).
(2) Déclaration très dévouée de la Diète, 1899, p. 151.

brillants, dans lesquels il était dit que le « puissant colosse oriental avait levé son poing et menaçait » l'innocente Finlande ; que « les peuples étaient gouvernés par les lois et non, par le knout », et on proposait de rappeler ces paroles aux autorités militaires de l'Empire ; les orateurs assuraient qu'on voulait employer la violence à l'égard des Finlandais et que, au moyen de réformes militaires et assimilatrices, — on voulait priver la population du pays de sa nationalité, etc (1). Nous ne parlerons pas des manifestations qui furent organisées en Finlande pendant la Diète de 1899 au nom de « toute la nation » et de l'agitation soulevée par les écrivains finlandais dans la presse étrangère dans le but d'entraîner l'opinion publique de l'Europe Occidentale contre la Russie. Le sénat finlandais qui suivait en tout docilement la Diète extraordinaire, s'arrêta à une décision assez originale, qui visait à faire preuve de loyauté. Il fut décidé de prier le pouvoir impérial, de se désister de ses droits relativement à l'assimilation du service militaire de l'Empire et du Grand-Duché » (2).

Après tout ce qui a été dit il est évident qu'il n'y a guère lieu d'attacher une réelle importance aux déclarations susmentionnées des sénateurs et des délégations provinciales. En outre le caractère d'irrégularité de l'interprétation que les Finlandais ont donné aux bases sur lesquelles reposent les relations entre le Grand-Duché, l'Empire et l'autorité Souveraine, a été plus d'une fois signalé par l'autorité impériale elle-même (par exemple dans le rescrit impérial du 28 février 1891 et du 8 juin 1899). Il est également inutile d'insister sur la légalité et la justice des « Règlements fondamentaux » du 3 février 1899, puisque le manifeste impérial publié à cette même date ne laisse rien à désirer, quant à la clarté de son exposé et la précision des motifs sur lesquels il est fondé.

(1) Voir les procès-verbaux des quatre classes de la Diète, 1899, (en suédois).
(2) Conclusion très dévouée du 6 novembre 1899, page 23.

FIN

TABLE DES MATIÈRES.

L'Empereur Alexandre Ier, au commencement de son règne, rêvait de la « constitution », mais en même temps, il n'oubliait jamais d'être Empereur autocrate de son grand Empire, peuplé de différentes nations. Sur le continent de l'Europe occidentale, jusqu'aux années trente du siècle présent, la constitution ne limitait pas le pouvoir souverain. Les projets de la constitution, en forme de Code et de Statuts d'Etat, n'atteignaient que les formes extérieures du gouvernement

9 782019 919542